EUROPAVERLAG

RÜDIGER SÜNNER

DER GESCHMACK DER UNENDLICHKEIT

SPIRITUALITÄT IM ALLTAG

Mit Radierungen von
Christine Klie

EUROPAVERLAG

»Religion ist Sinn und Geschmack
für das Unendliche.«

FRIEDRICH SCHLEIERMACHER

»Würden die Pforten der Wahrnehmung gereinigt,
erschiene dem Menschen alles, wie es ist: unendlich.«

WILLIAM BLAKE

INHALT

WARUM EINE »SPIRITUALITÄT DES ALLTAGS«?

Seit vielen Jahren beschäftige ich mich mit Spiritualität, Mystik und Mythologie und etliche Dokumentarfilme und Bücher sind aus dieser Leidenschaft entstanden. Aufgewachsen in einem religiös gleichgültigen Elternhaus, entdeckte ich nach und nach meine Faszination für diese Themen, ohne jemals zum Anhänger einer spirituellen Gemeinschaft zu werden. Zwar besuchte ich jahrelang Zen-Meditationskurse und empfing Anregungen durch manche Werke Rudolf Steiners, aber weder wurde ich zu einem Zen-Buddhist, noch zu einem überzeugten Anthroposophen. Dennoch ließen mich all diese Themen nicht los: Ich spürte dem mythologischen Hintergrund der NS-Ideologie nach, der spirituellen Dimension der deutschen Romantik und drehte Filme über Rudolf Steiner, C. G. Jung, Joseph Beuys und Rainer Maria Rilke, die alle auf ihre Weise »Gottsucher« gewesen waren.

Warum interessiere ich mich überhaupt für Spiritualität und was hat es mit diesem Wort auf sich, das heute zu einer Modevokabel verkommen ist? Nur wenige definieren, was sie damit meinen, viele sonnen sich in der Aura dieses Begriffes, der einem suggerieren kann, etwas Besonderes und zu »Höherem« berufen zu sein. Tausende von Esoterikbüchern und Youtube-Kanälen umgarnen die Menschen mit Heilsversprechen aller Art, die mich selten überzeugen und oft eng mit kommerziellen Interessen verbunden sind. Um das Wort »Spiritualität« für mich zu klären, schaue ich auf seine lateinische Wortwurzel »spiritus«: eine alte Bezeichnung für »Geist«, die gleichzeitig »Hauch« und »Atem« bedeutet. »Geist« meinte in früheren Kulturen noch nicht eine von uns produzierte »neuronale Hirnaktivität«, wie es die heutige Naturwissenschaft sieht, sondern wurde mit Metaphern des Luftigen bezeichnet. So wie unser Atemprozess ein Austausch von Innen und Außen ist, so sah man auch unsere geistigen Aktivitäten als eine Beziehung zu einem Umfassenderen an, von dem wir getragen und inspiriert werden. Dies könnte man als das Grundmuster aller »Spiritualität« ansehen: Schamanen, Propheten, Mystiker und Dichter haben das immer so gesehen und man braucht keine Kirche oder Moschee, um das nachzuempfinden. Auch in einem Wald, am Meer oder unter dem Sternenhimmel kann jeder Mensch ein solches Gefühl von Verbundenheit haben – und mit ihm »spirituell« sein. Hierbei handelt es sich um das Empfinden, eingebettet zu sein in ein größeres Kraftfeld, das wir nicht nur in unserem Kopf lokalisieren und bei dem es keine Rolle spielt, ob man es »Gott« nennt oder in poetischen Metaphern umschreibt.

Dies könnte eine erste, für mich brauchbare Definition von »Spiritualität« sein. Aber kenne ich diese Wahrnehmung, die über viele Jahrhunderte für alle Kulturen selbstverständlich war, auch aus dem wirklichen persönlichen Erleben? Fühle ich mich in meinem Denken, Empfinden und kreativen

Schaffen auch an einen solchen Kraftstrom angebunden, den das alte Wort »spiritus« umschreibt? Genau dieser Frage will ich in diesem Buch nachgehen und zwar so konkret wie nur möglich. Während ich in früheren Filmen und Büchern die Ansichten bestimmter Protagonisten dazu beschrieb, möchte ich nun die dabei erworbenen Anregungen in eine »Spiritualität des Alltags« überführen, auch um diese Erfahrungen Menschen verständlicher zu machen, die damit bisher wenig anfangen konnten. Dieses Buch dient aber auch der eigenen Überprüfung, wie viel von meinen jahrelangen Forschungen wirklich in mein Leben eingeflossen ist. Waren es nur schöngeistige Abenteuer und Träume oder reichten sie tief in existenzielle Momente meines Alltags hinein, etwa in die Wahrnehmung von Menschen und der Natur, in den Umgang mit Problemen, Krankheiten und dem Tod?

Durch einen solchen konkreten Blick möchte ich auch zur Entkrampfung des Begriffes »Spiritualität« beitragen, der in unserer Gesellschaft immer noch mit einem negativen Beigeschmack versehen ist: Gerade in Deutschland schaut die »aufgeklärte Welt« der Wissenschaftler und Medien meist abwertend auf ihn herab. Wenn ich eine Esoterikmesse besuche, kann ich das nachvollziehen: Auch mich befremdet das in bunte Farben gehüllte Angebot von Kristallkugeln, Channeling-Botschaften, Aura-Fotografie, Atlantis- und Engel-Literatur und ich halte es nicht lange in der süßlich-kitschigen Aura solcher Orte aus. Auch in Gesprächen mit Menschen, die sich als spirituell bezeichnen, kann schnell eine Barriere entstehen, wenn diese übereifrig und mit großer Selbstverständlichkeit vom »Göttlichen« sprechen, ohne eine sprachliche Vermittlung zu ihrem Gegenüber aufzubauen. Dasselbe geschieht bei Anthroposophen, wenn sie über »Astralleiber« oder den »Erzengel Michael« dozieren, oder bei Neuheiden, die in jedem Flimmern über einem See schon tanzende Elfen und Elementargeister sehen. Reagiert man bei solchen »Gläubigen« mit Skepsis, wird einem häufig attestiert, man sei noch zu sehr in einem engen Intellektualismus befangen und habe seine »inneren Augen« noch nicht geöffnet.

Ein Buch über die »Spiritualität des Alltags« hingegen soll versuchen, subtile Zwischenzonen der Erfahrung in einer möglichst allgemein verständlichen Sprache zu beschreiben. Das ist auch eine Herausforderung für mich, weil ich mit diesem Anspruch weitgehend darauf verzichten muss, ein spirituelles Spezialvokabular zu benutzen, und gezwungen werde, Dinge so klar wie möglich auszudrücken. Denn was nützt es mir, wenn Menschen mit verzücktem Blick sagen, dass sie mit dem germanischen Gott Odin oder einem Engel in Kontakt stehen, wenn es bei bloßen Behauptungen bleibt, die sich der Kommunizierbarkeit entziehen? Natürlich gibt es diffizile Bereiche der Wahrnehmung, die nicht umstandslos in eine einfache Sprache übersetzbar sind, aber man kann sich um einen verständlichen Ausdruck bemühen und wird dadurch auch reich belohnt. Daher dient dieses Vorhaben auch der Selbsterziehung und ermahnt mich zu mehr Genauigkeit und Aufrichtigkeit.

Zu meiner Verwunderung tauchte das Thema dieses Buches in den letzten Jahren häufiger in meinem Alltag auf, als mir lieb war. Oft, wenn ich mich angeschlagen oder schwermütig fühlte, musste ich mich fragen: Haben dich deine vielen

Filmexkursionen eigentlich glücklicher und zufriedener gemacht? Haben die spirituellen Weisheiten deiner Protagonisten Spuren bei dir hinterlassen, die dich in Notzeiten wirklich trösten und aufbauen können? Oft war ich mir gar nicht so sicher, ob ich diese Fragen mit einem uneingeschränkten Ja beantworten könnte. Manchmal fühlte ich mich auch wie ein rastlos Getriebener, der von einem Filmthema zum nächsten eilte, um doch nirgends wirkliche Erfüllung zu finden. Diese Gefühle kamen vor allem dann auf, wenn ich mit meinen inneren Dämonen konfrontiert wurde, mit Stress, Ängsten, Depressionen, Zweifeln oder mit körperlichen und psychosomatischen Beschwerden, die mir zu schaffen machten. Zuweilen schien mir auch, als sei ich übersättigt von zu viel spiritueller Literatur. Manchmal schaute ich die hohen Regalwände meiner Bibliothek hinauf und erschrak über die Unzahl von Büchern, die sich dort seit Jahrzehnten angesammelt hatten. Hatte ich nicht manchmal wie im Wahn zu viel Lesestoff angeschafft, der zum Teil immer noch ungelesen in den Regalen stand und mich entsprechend vorwurfsvoll anstarrte? War in all den vielen Büchern die Lösung meiner Probleme enthalten, lag in ihren zahllosen Seiten die Weisheit verborgen, die mich in Krisenzeiten ausgeglichener machen konnte? Hatte ich durch meine spirituellen Studien mein »Ego« schon zugunsten eines gelasseneren »höheren Selbst« überwunden? War ich nicht zu oft auch von Neid und Eifersucht getrieben, wenn ich z. B. sah, um wie viel erfolgreicher andere Filmemacher und Autoren waren, deren Werke ich für oberflächlicher als die meinen hielt? War ich nicht gelegentlich zu provokativ im Umgang mit Freunden gewesen, hätte ich nicht bei Meinungsverschiedenheiten durch die vielen tiefgründigen Einsichten milder und toleranter sein müssen? Und reagierte ich nicht bei bestimmten physischen Symptomen oft zu ängstlich, als hätte ich bereits eine schlimme Krankheit in mir, statt geduldig auf die Regenerationskräfte meines Körpers zu vertrauen? Gönnte ich mir eigentlich genug Ruhepausen, war ich zu wirklicher Muße in der Lage, zu zweckfreiem Sein »im Hier und Jetzt«, konnte ich auch mal meine Seele baumeln lassen, um langsam wieder Kraft zu tanken?

Zu diesen brennenden Fragen kam das starke Bedürfnis, Spirituelles auch im Naheliegenden zu finden, das jeden Tag um mich herum ist, in bestimmten Bewusstseinszuständen, in der Natur, beim Musikhören, beim Reisen durch »Seelenlandschaften«, bei der kreativen Arbeit, im aufmerksamen Umgang mit Menschen und Dingen und in der täglich neu erlebbaren Begegnung mit dem Geheimnisvollen dieser Welt. All diese Fragen, die mit zunehmendem Alter immer wichtiger für mich werden, umschreiben die Herausforderung einer »Alltagsspiritualität«, die hier und jetzt bei den Mysterien vor der Haustür beginnt und weniger in Büchern und Bibliotheken. Ab und zu lasse ich mir dabei immer noch gerne von klugen Geistern helfen, die ich im Laufe meines Lebens schätzen gelernt habe. Aber die Grundlage der folgenden Überlegungen sollen ganz persönliche Erlebnisse sein, die ich jeden Tag mache und noch besser verstehen möchte. Daher ist dieses Buch mein vielleicht intimstes geworden und es verlangt eine noch größere Ehrlichkeit und Genauigkeit von mir, als alles, was ich bisher geschrieben habe. Und wenn die Lektüre meiner Betrachtungen dem ein oder anderen Leser Anregungen für seine eigene Spiritualität im Alltag gibt, wäre das für mich schon ein großes Geschenk.

SCHLAF UND ERWACHEN

Fängt Spiritualität im Alltag nicht schon damit an, aus dem Zirkel der Gewohnheiten auszubrechen, in dem wir alle gefangen sind? Wie sehr starten wir schon morgens nach dem Erwachen in einen neuen Tag, der vielfach von eingeübten Mechanismen bestimmt wird. Wir wachen auf, mehr oder auch weniger gut erholt vom Schlaf, und denken: Jetzt ist es so und so viel Uhr und heute warten diese und jene Aufgaben auf mich. Wir stehen auf, schlendern zum Bad und tun zum tausendsten Mal die Dinge, die wir schon immer getan haben. Dabei begann alles mit einem Wunder: dem Prozess des Aufwachens. Aus einem traumlosen oder von Träumen bevölkerten Schlaf, in dem alles fließend und grenzenlos war, kehren wir zu dem zurück, was wir unser »Ich« nennen. Wir wissen: Jetzt schlafen wir nicht mehr, sondern sind bewusst und können nun wieder »früher und später«, »links und rechts«, »vorne und hinten« unterscheiden. Wir verwandeln uns nicht mehr dauernd in andere Figuren wie im Traum, sondern sehen uns als von der Welt unterschiedene Gestalten an, die »Ich« zu sich sagen können.

Novalis, der vielleicht spirituellste unter den deutschen Dichtern, prägte den wunderbaren Aphorismus: »Der Schlaf ist nichts als die Flut jenes unsichtbaren Weltmeers und das Erwachen das Eintreten der Ebbe.«[1] Welch unglaubliche Aussage, die uns scheinbar vertraute Prozesse wie Einschlafen oder Aufwachen mit neuen Augen sehen lässt! Im Moment des Einschlafens, so Novalis, werden wir von einer Art Meer überrollt, das sich morgens beim Erwachen wieder zurückzieht. Als ich den Satz das erste Mal las, dachte ich an eine von Kindern gebaute Sandburg, die von der nahenden Flut überschwemmt und aufgelöst wird. Bei Ebbe zieht sich das Wasser zurück und gibt wieder feste Konturen am Strand frei. Ist die Sandburg unser »Ich«, das nachts aufgelöst und weggeschwemmt wird, unser geordnetes Koordinatensystem, das sich bei Flut in das unendliche Meer auflöst, um später wieder zu seiner alten Form zurückzufinden? Was meint Novalis mit dem »unsichtbaren Weltmeer«? Ist es eine Metapher für die Gewalt des Schlafes, der uns tatsächlich urplötzlich überrollen kann wie die Wogen eines Ozeans? Das »Weltmeer«, wie auch die anderen von Novalis häufig verwendeten Wassermetaphern, ist ein spirituelles Bild, das Einschlafen und Aufwachen anders deutet als die moderne Schlafforschung. Der Dichter sieht uns im Schlaf aufgehen in einem höheren, umfassenderen Zustand, den er auch als »Weltseele« beschreibt. Die Romantiker glaubten, dass unsere »Einzelseele« – wie ein Tropfen im Meer – nur Teil einer umfassenderen »Weltseele« ist, in die wir uns auflösen können: in der Poesie, in der Liebe, im Rausch, in der Musik, im Tod und vielleicht auch im Schlaf. Nach diesem Denkmodell flöge dann unsere im Alltag festumgrenzte Individualseele nachts zu jenem grenzenlosen Reich der »Weltseele«, machte dort bestimmte Erfahrungen und kehrte am Morgen gestärkt und inspiriert zurück. »Ich muss eine Nacht darüber schlafen«, sagt man und meint, dass man sich noch nicht entscheiden kann, sondern einen Prozess weiteren Verarbeitens braucht. Ist das der Aufenthalt in Novalis' »Weltmeer«, wo wir neue Tiefen und Untiefen erkunden, unbekannte Korallenbänke, Unterwasserhöhlen und fantastische Lebewesen erforschen, die uns am nächsten Morgen mit einem erweiterten Blickfeld aufwachen lassen?

Die heutigen Traum- und Schlafforscher werden nur milde lächeln über solche poetischen Eskapaden, für sie geschieht das Einschlafen durch eine Ausschüttung des in der Zirbeldrüse produzierten Nachthormons Melatonin, das eine Kaskade von chemischen Botenstoffen in Gang setzt. Dadurch fließen die Gedanken langsamer, die Reaktionszeiten werden länger und die Muskelspannung sinkt. Statt der schnellen Hirnstromwellen bei Tage dominieren nun gemächlichere Alphawellen und das Wachstumshormon Somatotropin leitet Erholungsprozesse im Gehirn ein, repariert müde Zellen, entsorgt den Abfall des Stoffwechsels und fördert die Wundheilung. Interessant ist, dass auch im wissenschaftlichen Jargon der Schlafforscher ab und zu Wassermetaphern auftauchen. Wir »sinken« immer tiefer in den Schlaf, heißt es dann, und dabei wird unser Hirn von bestimmten »Deltawellen (...) geflutet«: Auch hier also dominiert der Eindruck des Flüssigen und Ozeanischen.[2] Auch wenn die Wissenschaft uns manchmal suggeriert, dass sie alles auf chemische Prozesse zurückführen kann, so erleben wir doch unser Einschlafen und Aufwachen nicht als Ausschüttung von Hormonen, sondern vielleicht doch eher in Bildern der Dichter.

Traum, Schlaf und Erwachen sind auch heute noch – wie in früheren Zeiten – eher faszinierende Mysterien als vollständig transparent gemachte Prozesse. Warum wir nachts auf Reisen gehen und wohin, bleibt geheimnisvoll, also können auch Literatur und Dichtung nützliche Erkenntnisinstrumente sein, um diese Wunder noch besser in unser Leben zu integrieren. Ich stehe also morgens auf und stelle beglückt fest, dass ich eben einem »unsichtbaren Weltmeer« entstiegen bin, dass ich aus dem – wie Novalis sagt – »Urflüssigen« wieder zurückkehren durfte in eine umgrenzte Gestalt, die nun ihr Tagewerk beginnt und manchmal sogar Traumwinke aus dem Nachtreich als Inspirationen mitnehmen kann. Eigentlich kein schlechter Tagesanfang.

»DIE DINGE SINGEN HÖR ICH SO GERN«

Nach der Morgentoilette gehe ich hinüber in die Küche und erblicke auf der Fensterbank einige mir lieb gewordene Erinnerungsstücke, die ich jeden Morgen vor Augen habe: Vogelfedern, interessant geformte Steine, die ich aus der Natur mitgebracht habe, ein versteinerter Ammonit sowie eine kleine abstrakte Holzplastik, die mir meine Freundin einmal zum Geburtstag geschenkt hat. Warum habe ich diese Dinge aufbewahrt und warum erfreuen sie jeden Morgen meinen Blick? Zum einen, weil sie Erinnerungen transportieren an bestimmte Erlebnisse und Menschen, die für mein Leben wichtig sind. Aber die Feder einer Möwe oder eines Raubvogels löst auch noch andere Empfindungen aus. Sie sind eigentlich unfassbare Zauberdinge der Natur, die in einer Werkstatt hergestellt wurden, welche für mich undurchsichtiger bleibt als das Labor eines Alchemisten. Obwohl sie ständig und überall in der Natur zu finden sind, können sie mich immer wieder aufs Neue tief berühren: durch ihre Mischung aus Zartheit und Stabilität, Schönheit und Eleganz, durch ihre stromlinienförmige Gestalt und das Durchdachte und Strapazierfähige ihres Aufbaus. Das Wort »beflügeln« kommt mir in den Sinn und tatsächlich wird etwas in mir emporgehoben, je länger ich die Feder anschaue. Mein Auge streift an den zarten Rändern ihrer geschwungenen Form nach oben bis zur fein auslaufenden Spitze – und lässt mich abheben zu Gedankenflügen über Fragen der Entstehung dieses Wunderwerks, die auf keinen letzten Grund treffen. Ich muss da keinen »Gott« als Schöpfer annehmen, denn das wäre ja nur wieder eine Metapher, die nichts erklärt. Ich begnüge mich mit dem »Geschmack des Unendlichen«, der für den Theologen Friedrich Schleiermacher ein wichtiges Charakteristikum einer undogmatischen und zeitgemäßen Religiosität war.

Beim Betrachten der Vogelfeder oder eines besonders interessant geformten Steines fallen mir auch Sätze anderer Künstler ein, die mir in meiner Betrachtung weiterhelfen. Goethe etwa hatte das Empfinden, dass »jeder neue Gegenstand, wohl beschaut« ein »neues Organ« in ihm aufschließe und Rainer Maria Rilke dichtete: »Die Dinge singen hör ich so gern.«[3] Joseph Beuys, der in seiner letzten Rede den Einfluss des Bildhauers Wilhelm Lehmbruck auf sein Werk rühmte, sagte, dass ihm vor dessen Plastiken plötzlich klar geworden sei: »Alles ist Skulptur.« Daraufhin habe er in der Skulptur ein kleines Glühen gesehen und den Satz gehört: »Schütze die Flamme!« War Beuys von Gedanken der jüdischen Kabbala beeinflusst, die in jedem Ding einen »göttlichen Funken« erblickt? Der Religionsphilosoph Martin Buber hat faszinierende Formulierungen für diese Form der Spiritualität gefunden, die unser herkömmliches Wahrnehmen stark herausfordert. Er sprach davon, dass selbst Wasserlachen, Steine und niedere Gewächse »Seelenfunken« enthielten, die der Erlösung durch den Menschen harren:

»Überall sind die Funken eingetan. Sie hängen in den Dingen wie in versiegelten Brunnen, sie ducken sich in den Wesen wie in zugemauerten Höhlen, sie atmen Bangigkeit aus und Dunkel ein, sie warten; und die im Raume wohnen, schwirren wie lichttolle Falter um die Bewegungen der Welt umher, schauend, in welche sie einkehren könnten, durch sie gelöst zu werden. Alle harren sie der Freiheit.«

Jeder Funke in einem Gestein oder Gewächs – so Buber – sei eine »völlige Gestalt, die in der Mitte des Dinges wie in einem Block sitzt, daß Hände und Füße sich nicht strecken können und der Kopf auf den Knien liegt.«[4]

Ist also jede liebevolle, aufmerksame und vertiefende Wahrnehmung bereits ein Akt spiritueller Erlösung dieser verborgenen »Gestalt«? Diesen berührenden Bildern liegt die Auffassung der Kabbala zugrunde, wonach Gott am Anfang der Schöpfung ein so gewaltiges Licht ausstrahlte, dass nichts in seinem Wirkungsbereich eigenständig wachsen konnte. Obwohl er sich fast vollständig zurückzog, blieb sein Licht noch so stark, dass die langsam entstehenden Lebensformen – in der Kabbala »Schalen« genannt – zerbrachen und ihre mit Lichtfunken behafteten Scherben in alle Himmelsrichtungen davonstoben. Heute, so glauben die jüdischen Mystiker, finden wir diese funkelnden Scherben immer noch und überall, auch am Wegesrand, und der wirklich nach Spiritualität suchende Mensch muss sie auflesen und neu zusammenfügen. Mehr Alltagsspiritualität geht eigentlich nicht, weshalb mich diese Art der Theologie immer besonders beeindruckt hat. Doch bin ich solchen Ansprüchen eigentlich gewachsen, wenn ich einen interessant geformten Stein oder eine Vogelfeder am Küchenfenster betrachte? Auch wenn ich nicht sofort etwas »Göttliches« darin sehe, so kann ich doch immer wieder üben, darin mehr zu erblicken als nur das, was sich in bestimmten Funktionen erschöpft. Je genauer ich hinschaue und mich von dem Gegenstand ansprechen lasse, desto tiefere Bedeutungsschichten enthüllen sich, die – nach dem Dichter William Blake – eigentlich ins Unendliche reichen, wenn wir nur die »Pforten der Wahrnehmung« reinigten.[5]

Aber ich wollte ja eigentlich frühstücken und schaue mich nach weiteren Dingen auf meinem Tisch um. Ich greife zu dem ovalen weißen Objekt, das wir »Ei« nennen, pelle es und esse es mit Genuss. Doch plötzlich frage ich mich: Was hielt ich da eigentlich in den Händen? Einerseits etwas sehr Alltägliches, das im Supermarkt in vielen Preisklassen zu haben ist, verpackt in schmucklosen Pappbehältern, die wir gedankenlos in unseren Wagen legen. Aber diese weiße Zauberform wuchs auf wundersame Weise im Leib eines Tieres heran und betört uns durch eine unglaubliche, gleichzeitig feste und zerbrechliche Gestalt. Wenn wir mit dem Finger über ein Ei streichen, staunen wir über die glatte Oberfläche, die sich makellos zu einer Form rundet, die zwar in der Natur noch in anderen Varianten vorkommt, aber nie so perfekt wie hier. Auch Mangos, Kokosnüsse und Mandeln haben diese ovale Gestalt und es gibt indigene Völker, die davon so fasziniert sind, dass sie Objekte danach kategorisieren, ob sie eiförmig sind. Ich bekam einen neuen Blick auf diese Gestalt, als ich einem Museum die eindrucksvollen eiförmigen Skulpturen der Bildhauerin Barbara Hepworth gesehen hatte, die mich immer wieder neu zum Staunen brachten. In vielen Varianten hatte Hepworth die »Innenarchitektur« des Eies zu ergründen versucht, das Geheimnis seiner Form, die ja von einer besonderen Reinheit und Schönheit ist. Sollte man nicht eigentlich zusammenzucken, wenn man eine so wunderbare Form am Rand der Pfanne zerschlägt oder sie mit dem Löffel aufklopft, um an das Eigelb zu kommen? Mein Vater hatte uns Kindern verboten, ein Ei einfach mit dem Messer zu köpfen, das sei barbarisch, wir sollten gefälligst den Plastiklöffel dafür nehmen. Waren aus solchem Respekt früher die Bräuche entstanden, zu Ostern Eier liebevoll zu bemalen oder sie sogar für den Totenkult zu verwenden? Schon vor 2500 Jahren deponierte man in Italien und Griechenland Eier aus Ton oder Bronze in Gräbern von Verstorbenen. Auf einer Amphore aus Apulien aus dieser Zeit sieht man ein zerbrochenes Ei, aus dem die mythologische Figur der Helena wie ein Küken heraussteigt. Eier wurden also auch als spirituelle Symbole gesehen, nicht nur für Fruchtbarkeit, sondern auch für Geburt, Auferstehung und Wiedergeburt. Ein Biologe kann vielleicht sagen, wie ein Ei aus einer befruchteten Zelle heranwächst, aber nicht, warum die Evolution genau eine solche Form ersonnen hat. Ist die Natur also tatsächlich eine »Künstlerin«, wie Goethe vermutete?

Neben dem Ei liegt auf meinem Frühstückstisch die Zitrone, die ich gerne in meinen Tee träufle: ein weiteres Objekt, das wir, gefangen in Alltagsroutine und Zeitstress, oft kaum beachten. Welche sinnlichen Sensationen erwarten uns, wenn wir eine frische Zitrone aufschneiden! Eine bereits von der gelben Farbe angekündigte Frische sondergleichen entströmt dieser Frucht und ein Duft, der uns aufrichtet und in die Glieder fährt. Im Grunde halte ich zwei strahlende Sonnenscheiben in meinen Händen, die meinen Tag im Nu aufhellen. Auch dies eine unvergleichliche Gabe an der morgendlichen Tafel, die ich meistens übersehe oder nur unbewusst wahrnehme. Dasselbe gilt für den Orangensaft, den Honig, das Brot, das ich oft genug gedankenlos in mich hineinstopfe, während die häufig belanglosen Zeitungsmeldungen meine Aufmerksamkeit beanspruchen. Ich habe es mir längere Zeit zur Gewohnheit gemacht, erst mal an den frischen Brötchen zu riechen, die ich gerade geholt habe, und in der Tiefe des Geruchs den Weg zurückzuverfolgen, den sie gegangen sind: zurück zu den formenden Händen des Bäckers, in die Mehlkästen der Mühle und auf das Getreidefeld, dessen Ähren sich im Wind hin- und hergewiegt haben. Dieses vertiefte Geruchserlebnis kann wie ein kleines Morgengebet sein, ein Moment des konzentrierten Innehaltens, in dem ich mich für etwas bedanke, was alles andere als selbstverständlich ist. Wenn in manchen Ländern bei verschiedenen Gelegenheiten noch heute »Brot und Salz« als symbolische Geschenke mitgebracht werden, so erinnert man sich damit an das Kostbare, ja Numinose dieser Naturgaben; in der Antike war mit dem Getreide noch eine Göttin, Demeter, verbunden, die uns an die Heiligkeit der Erde und ihrer Früchte erinnerte.

Ich führe eine Tasse Tee an meinen Mund und halte kurz inne. Immerhin habe ich feinen Darjeeling gekauft, aber als Teebeutel, was natürlich schon eine Sünde ist. Aber die goldgelbe Farbe und der Geschmack dieses außerordentlichen Getränks betören mich schon seit Jahrzehnten und ich möchte es nicht gegen die physisch attackierende Schwärze von Kaffee eintauschen.

Was Tee wirklich bedeuten, wie auch er im Sinne von Rilke »singen« kann, erfuhr ich bei einer japanischen Teezere-

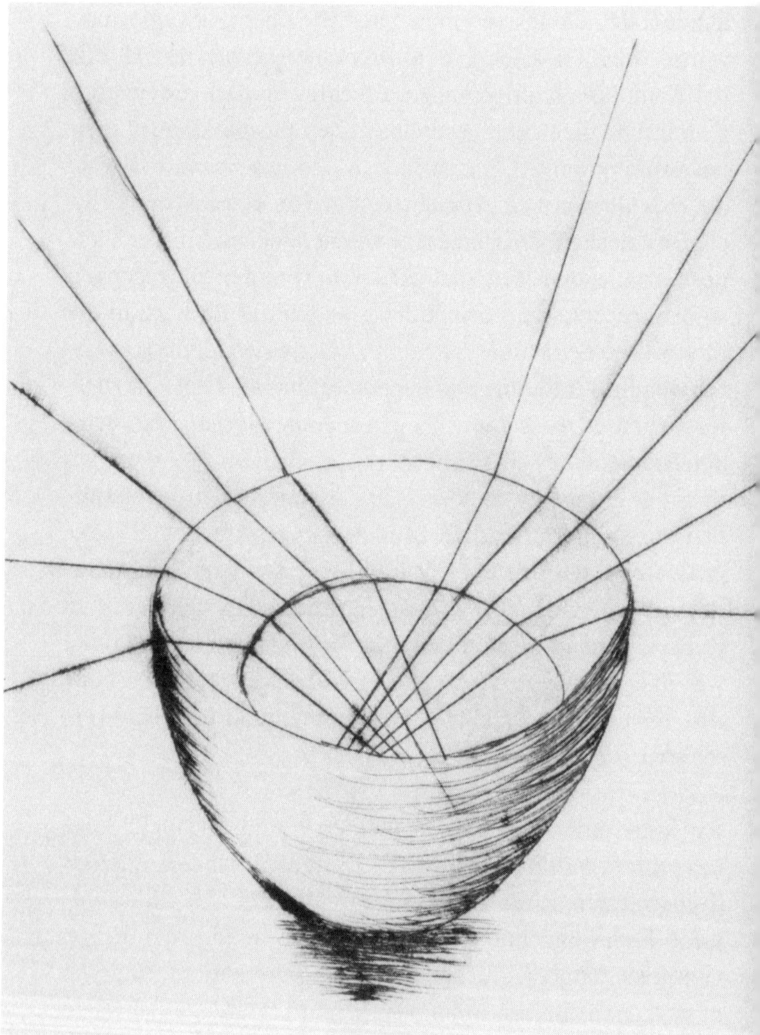

monie, die im Hause meiner Freundin Christine abgehalten wurde. Mariko, eine ihrer Bekannten, zelebrierte in aller Ruhe ein Ritual, bei dem es weniger um das Trinken von Tee ging als vielmehr um eine meditative Versenkung in seine weitreichende Aura. Liebevoll ordnete Mariko minutenlang die Utensilien dieser Zeremonie, was uns schon einmal Geduld abverlangte: Ausgepackt wurden Teeschalen, eine schön bemalte Teedose, ein Wasserkessel, ein Bambuslöffel und ein kleiner Besen. Japanische Teehäuser, so erfuhr ich, sind von einem Garten umgeben, in dem die Besucher vor der Zeremonie ruhig umherwandeln, um erst einmal den Alltag abzustreifen. Mit frischem Wasser reinigt man seinen Mund und betritt das Teehaus durch einen etwa ein Meter hohen Kriecheingang, der die gesellschaftlichen Rangunterschiede abstreifen und zu Demut erziehen soll. Dann taucht man ein in den Zauberreigen der Elemente, für den der Tee wie ein Augenöffner wirken soll. Auch die Aktivitäten von Mariko verdeutlichten dies: Auf dem Feuer glühte die Holzkohle, die Teepflanzen repräsentierten die Erde, die mit dem Wasser eine Vermählung einging, während aus dem Teekessel mit musikalischen Klängen das Element der Luft entwich. Wir wurden durch diese Zeremonie wieder eingebunden in das Ganze des Kosmos, erfuhren Ehrfurcht vor den Dingen und der Natur, reinigten unsere Herzen vom »Staub des Alltags« und wurden zu mehr Achtsamkeit und Gelassenheit geführt. Zum »Teemensch« (»chajin«) zu werden bedeutet in Japan, sich zurückzunehmen, das Wohl der anderen zu fördern und noch mehr Schlichtheit und Genügsamkeit zu lernen. Spirituell ist ein solcher Blick auf Dinge des Alltags, weil sie in diesen Momenten zu Verkörperungen von etwas Nichtstofflichem werden können. Wir sehen äußere Formen, aber nach Novalis ist alles Äußere nur »ein in Geheimniszustand erhobenes Inneres«. Ein speziell geformter Stein, eine Feder, das Ei, die Zitrone und die Teepflanze zeigen uns zunächst nur ihre Außenseite, die wir mit unseren Sinnen abtasten. Aber wir vermessen sie ja nicht nüchtern, sondern reagieren seelisch darauf, etwas spricht zu uns aus diesem Gegenüber, genauso wie etwas aus einem Tier oder aus einem Menschen zu uns spricht. Warum sollten alle Dinge um uns herum nicht genauso eine Innenseite haben wie wir selbst, die wir uns ja von außen und von innen kennen? In einen »Geheimniszustand« erhoben ist das Innere der Dinge, weil wir nicht unmittelbar zu ihm vordringen können, es bleibt eigentümlich entrückt und rätselhaft. In allem Körperlichen scheint also etwas Nichtkörperliches verborgen zu sein, in allem Stofflichen schwingt ein Geistiges mit, hinter jeder materiellen Oberfläche liegt ein Tiefenraum des Seelischen. Indigenen Völker ist das seit Jahrtausenden bekannt, doch ihr Weltbild wurde von Anthropologen lange Zeit als »animistisch« und »primitiv« belächelt. Aber vielleicht können gerade sie uns heute etwas lehren, was wir dringend brauchen: den vertieften Innenblick auf das, was uns äußerlich gegenübertritt. Während kleine Kinder noch mit Steinen, Pflanzen und Tieren sprechen, lernen sie bald in der Schule, dass diese aus Atomen bestehen und alles andere nur subjektive Annahmen sind. Die »eigentliche Wirklichkeit« soll den Naturwissenschaftlern vorbehalten bleiben, die mit objektiven Messwerten angeblich durchdringen zu dem, was »real« ist. Wir dürfen unsere Empfindungen und Fantasien zwar privat oder im Bereich der Kunst ausleben, aber mit der Welt der »harten Fakten« haben sie – laut offizieller Meinung – eigentlich nichts zu tun. So sieht die Grundlage unserer westlichen

Kultur seit etwa 400 Jahren aus: ein extrem einseitiger Blick, den dieses Buch durch Übungen zur »Spiritualität des Alltags« zu erweitern versucht.

WAS IST EIN BAUM?

Nach dem Frühstück mache ich einen Spaziergang durch den Park vor meinem Haus, in dem viele schöne alte Bäume stehen. Zu jeder Jahreszeit wirken sie mit einer ganz eigenen Majestät auf mich: im Frühling mit ihren zarten Knospen, im Sommer mit ihrem üppigen Grün und im Winter mit dem abstrakten Schwarz-Weiß ihrer schneebedeckten Äste, das ihnen noch einmal ein ganz anderes Aussehen gibt. Neuerdings übernachten auch Obdachlose und Flüchtlinge in meinem Park, Reste von Schlafsäcken, Matratzen und Lebensmitteln liegen in den Gebüschen herum, manchmal auch Spritzen von Drogenabhängigen. Die momentane Weltlage scheint nicht günstig für Übungen zu sein, die die Spiritualität des Alltags vertiefen wollen. Oder ist es gerade umgekehrt? Die meisten Menschen im Park scheinen die alten Bäume nicht bewusst wahrzunehmen: Spaziergänger, Jogger und Hundebesitzer laufen an den würdevollen Riesen vorbei, die mit ihrer Ruhe schon vielen Stürmen getrotzt haben. Einige telefonieren beim Gehen mit einem Headset und die Läufer schauen auf die Fitnesstracker an ihrem Arm, die ihre Schritte zählen sowie Kalorienverbrauch, Puls und Herzfrequenz. Die Hundebesitzer lieben es, sich mit anderen Hundebesitzern zu unterhalten, und die Eltern passen auf dem Spielplatz auf ihre Kinder auf; manche Mütter schauen dabei die ganze Zeit auf ihr Smartphone.

Ich mache Halt vor einer der großen Platanen, Silberpappeln, Trauerweiden, Buchen oder Kastanien in meinem Park und frage mich, was eigentlich ein Baum ist. Wieder kommt mir der Satz von William Blake in den Sinn, wonach alle Dinge »unendlich« sind, wenn wir sie nur richtig anschauen. Gilt das auch für den Baum, vor dem ich hier stehe? Mit »unendlich« meinte Blake sicher nicht die Anzahl der Atome in seinem Inneren, sondern vielleicht die zahllosen Blickweisen auf ihn, die sich bei längerem Verweilen öffnen können?

Machen wir ein Experiment: Oben auf der Straße fährt gerade der Lastwagen eines Einrichtungshauses vorbei, der wohl Tische, Stühle und andere Möbelstücke geladen hat. Ein Möbelfabrikant würde diesen Baum unter dem Aspekt betrachten, welche Qualität sein Holz hat und welchen Gewinn man daraus ziehen kann. Ein Kunstmaler würde neben ihm stehen und auf ganz andere Dinge achten: Welche Form hat der Baum, welche Farben und wie fällt das Sonnenlicht gerade in seine Blätter? Wie könnte man all das malen, sodass es interessant aussehen würde?

Ein Biologe weiß nicht nur, dass ein Baum aus unzähligen Zellen besteht, sondern er sieht auch unter der Erde die langen Pilzgeflechte, die von einem Baum zum anderen reichen und Botschaften überbringen: etwa Zuckerlösungen zur gegenseitigen Ernährung oder Warnsignale, dass Schädlinge im Anzug sind. Der Biologe kann uns erzählen, dass Bäume schneller wachsen, wenn das Konzert der Vögel und Insekten um ihn herum anschwillt, und dass Wurzeln und Baum kronen in ständigem Kontakt miteinander stehen. Falls zu viel Feuchtigkeit im Boden ist, können die Wurzeln die Blätter bitten, weniger Wasser zu verdunsten, und umgekehrt. Wir erfahren auch, dass eine große Eiche pro Tag die CO_2-Menge von drei Wohnhäusern neutralisiert sowie 400 Liter Wasser und Sauerstoff für ein Dutzend Menschen produzieren kann. In meinem Park gibt es keine Schamanen, aber gelegentlich sehe ich frühmorgens beim Joggen Frauen, die Bäume umarmen oder mit ihnen reden. Käme zufällig ein Schamane vorbei, würde er vielleicht ein kleines Gebet vor dem Baum abhalten oder eine Opfergabe hinterlegen, um seine »Heiligkeit« zu ehren und Respekt vor ihm zu bekunden. Er könnte uns auch erzählen, dass er unsichtbare Baumgeister in seinen Ästen umherhuschen sieht und dass man ihn deshalb auf keinen Fall fällen dürfe.

Welche dieser Blickweisen erfasst den »wirklichen« Baum? Alle zusammen – oder gibt es noch viel mehr? Wir haben bisher die Perspektiven von Menschen beschrieben, aber all die Vögel, Siebenschläfer, Spinnen, Fledermäuse, Schmetterlinge und Maikäfer vergessen, die im Baum wohnen, seine Blätter fressen, dort ihre Nester bauen und kleine Höhlen bewohnen, ebenfalls die Schnecken und Regenwürmer, die sich um sein Laub kümmern, wenn es im Herbst zu Boden fällt. Irgendwo las ich, dass auf einer Fläche von einem Quadratmeter und 30 Zentimetern Tiefe zwei Billionen Bakterien, Pilze und Algen leben, eine Million Fadenwürmer und Hunderttausende von Milben, Sechsfüßlern, Käferlarven, Schnecken, Asseln und Spinnen. Auch sie werfen einen bestimmten Blick auf den Baum und interessieren sich für jeweils ganz andere Aspekte von ihm. Was also ist ein Baum, wel-

cher Blick trifft seine eigentliche Realität? Vor uns öffnet sich plötzlich tatsächlich die Unendlichkeit, von der Blake spricht: Millionen von Blickwinkeln, die wir auch nicht annähernd nachvollziehen können und von denen unser eigener nur ein winziger Teil ist.

Betrete ich einen Wald, kann sich mein Blickwinkel auf die Bäume noch mal erweitern. Manchmal bilden sie mit ihren hohen Stämmen und gewölbten Kronen so etwas wie die Form einer großen grünen Kathedrale und erinnern uns an Zeiten, wo man noch von »Waldestempeln« sprach. Wer von den heutigen Spaziergängern weiß, dass es früher einmal »heilige Haine« gab, in denen Opferaltäre standen und Priester ehrwürdige Rituale praktizierten? Wer erinnert sich daran, dass der Wald auch ein bevorzugter Ort für Märchen und Sagen war, ein geheimnisvoller Bereich, in dem Kräfte wirken, die wir durch Rationalität allein nicht erfassen können? Als Kind nahmen mich meine Eltern einmal in einen sogenannten »Märchenwald« in der Nähe von Köln mit, der eine solche Ausstrahlung hatte. Hier und da standen im Halbdunkel liebevoll geschnitzte Holzfiguren und Tiere aus Märchen, die den Wald auf eine eigenartige Weise belebten: Rotkäppchen und der Wolf, Schneewittchen, Hänsel und Gretel, die alte Hexe usw. Ich wusste natürlich, dass alles nur von Menschenhand gemacht war, aber begann nach der Heimfahrt selber kleine Figuren zu schnitzen und zu bemalen, die ich unter die riesige Tanne in unserem Garten stellte. Dies wurde zu meinem Refugium: Wenn mir im Haus alles zu viel wurde, zog ich mich in das grüne Dämmerlicht unter dem Baum zurück, wo es würzig duftete, und träumte mir ein eigenes Reich zurecht. Dabei durfte mich nur unser Hund begleiten, der zufrieden neben mir auf dem Boden lag und nicht ahnte, was in mir vorging. Der Wald als Spielraum für unsere Einbildungskraft: ein Ort des Dunklen, Labyrinthischen, Geheimnisvollen, in dem andere Erfahrungen möglich werden als in der geordneten Welt unserer Wohnungen und Städte.

Das kann auch im Winter geschehen, wo die Bäume eines Waldes noch mal eine ganz andere Wirkung entfalten. Zunächst strahlt ein Forst in der kalten Jahreszeit nichts Anziehendes aus, vor allem wenn es keinen Schnee gibt, der Himmel grau ist und nur ein leichter Nieselregen fällt. Aber auch hier können Wahrnehmungsübungen helfen. Denn wenn ich mir bewusst mache, dass die schlechte Stimmung nur eine Projektion meines Inneren ist, beginne ich genauer hinzuschauen auf das, was wirklich vor mir liegt. Schaue ich aufmerksam nach oben, blicke ich plötzlich in eine faszinierende Welt abstrakter Schwarz-Weiß-Strukturen, die sich wie interessante Zeichnungen vor dem weißen Winterhimmel abheben. Ich erblicke eine kahle, aber komplexe Welt für sich, voll fremder Schönheit, kühl und ohne jede Sentimentalität. Wie die unzähligen Farbtöne der sommerlichen Natur sind auch dies vielfältige Chiffren, die mir etwas erzählen können, wie japanische Kalligrafien, die trotz ihrer Monochromie immer sehr kraftvoll wirken. Ein Winterwald ist nicht tot, seine Lebenskräfte haben sich nur tief ins Innere zurückgezogen, ähnlich wie bei den Tieren, die in Baumhöhlen oder unter der Erde ihren Winterschlaf halten. Kein Laut ist zu hören, nicht mal ein einziger Vogel, und doch vibriert der ganze Wald voller zurückgehaltener Energien, die langsam in mich übergehen können, wenn ich mich nur lange genug in das Bild vertiefe. Wie viel Ruhe, Geduld und Weisheit umgibt mich hier, fernab von jeder Eitelkeit, sich immer in bunten Farben herausputzen zu müssen. Ein Winterwald mit seinem schneebedeckten Geäst kann majestätisch und erhaben wie ein Lehrmeister wirken, der zu mir sagt: Alles hat seine Zeit, hier herrschen weder Mangel noch Tod, jetzt ist der Moment des Rückzugs, der Einkehr und des geduldigen Wartens auf einen Neuanfang. Nach solchen Erfahrungen kann ich gelassener in mein Heim zurückkehren und bewusster die winterliche Atmosphäre von Stille und Kargheit genießen, die plötzlich ungeahnte Qualitäten zu entfalten beginnt.

Welch große spirituelle Qualität Bäume und Wälder haben können, zeigte mir ein Besuch in einem sogenannten Friedwald, wo Menschen sich bestimmte Bäume als letzte Ruhestätten aussuchen können. An manchen der Eichen oder Buchen hing ein kleines schwarzes Schild mit dem Namen und den Lebensdaten der Person, dessen Urne dort in der Erde beigesetzt worden war. Während ich durch den Ruheforst streifte, begann ein leichter Sommerregen auf die Blattkronen zu fallen und hüllte den Wald und mich in eine ganz besondere Stimmung: Das sanfte Geräusch des Regens breitete eine Decke von erfülltem Schweigen über mir aus. Nassglänzend und unbewegt standen die großen Bäume da, wie beruhigende Wächter, unter deren starken Armen man unbesorgt Jahrhunderte, ja eine ganze Ewigkeit liegen konnte. Keine hässlichen Mausoleen lenkten mein Auge ab, keine Plastikblumen, unpassenden Grabsprüche oder Fotos von Verstorbenen, nur eine wunderbare grüne Stille erfüllte den weiten Raum, der unendlichen Platz für die darin ruhenden

Toten zu bieten schien. Ich erinnerte mich an einen Film, in dem gezeigt wurde, wie Menschen sich ihre ganz speziellen letzten Ruheplätze aussuchten: Ein älteres Ehepaar ging mit einem Förster von Baum zu Baum, begutachtete sie und jeder suchte sich das Exemplar aus, das zu ihm passte. Während der Mann mit den Worten »So sah auch mein Leben aus« einen krumm nach oben gewachsenen Baum für sich auswählte, eilte die Frau zu einem nahen Bach, an dessen Ufer mehrere kleinere Bäume standen: »Ich möchte hier ruhen«, sagte sie, »wo die Wurzeln ins Wasser reichen und wo ich immer das sanfte Plätschern des Baches hören kann.« Zwei ältere Menschen, die eigentlich einen ganz nüchternen Eindruck machten, verwandelten sich im Angesicht der Bäume in Träumer und Poeten. Sie verbanden sich innerlich mit ihnen, vielleicht mehr als vorher auf jedem Spaziergang, und begannen in ihnen Symbole für ihre eigenen, sehr verschiedenen Innenwelten zu sehen: Auch das war ein Stück Alltagsspiritualität als Schärfung der Wahrnehmung für das Subtile, Numinose und Unendliche. Bereits eine Meditation vor einem Baum oder in einem Wald kann uns so etwas lehren, oft auf eine einfachere und freiere Art als beim Besuch eines Gotteshauses.

DIE MAGIE DER TIERE

Wenn ich den wilden und vor den Toren Berlins liegenden Garten meiner Freundin Christine besuche, die die Radierungen für dieses Buch gemacht hat, gerate ich in unmittelbaren Kontakt mit der Magie der Tierwelt. Dort wohnen in den Bäumen nicht nur Dutzende von Vogelarten, sondern auch Katzen, Füchse, Waschbären und Igel huschen immer mal wieder durch das hohe Gras. Sogar Wildschweine hatten sich einmal im Gebüsch versteckt: Einen ganzen Vormittag lang hockte dort eine Bache mit ihren Jungen und wir wussten nicht recht, was wir tun sollten, bis sie am Nachmittag wieder verschwanden.

An langen Sommerabenden thront auf der Spitze eines hohen Baumes gerne eine Nachtigall, die ihre betörenden Gesänge in das dunkelblau werdende Firmament schickt: Melodien, die wohl nicht nur der Brautwerbung oder Reviergrenzung dienen, sondern ganz eigenständige kreative Fähigkeiten zu spiegeln scheinen. Oft ist uns, als ob der kleine Vogel die herannahende Dämmerung anruft, als ob er Klangfolgen und Rhythmen ausprobieren würde, die sich nie wiederholen, sondern unendliche Variationen eines Themas sind. Allein sitzt er auf der leicht schwankenden Baumspitze und schickt selbstvergessen seine zarten Tonfolgen in die laue Luft. Wir werden nie genau wissen, was er empfindet, aber können uns auf eigenartig intensive Weise mit seinem Gesang verbinden und dadurch die sich langsam herabsenkende Abenddämmerung noch einmal anders wahrnehmen. Durch seine Melodien, vor allem auch durch die Pausen, scheint der Raum über uns größer zu werden, als ob er nicht nur aus Luft, sondern aus einem beseelten Fluidum besteht, dessen Schwingungen durch den Vogelgesang noch verstärkt werden.

Häufig kehrte zu dieser Stunde Christines schwarzer Kater Mimi von seinen Streifzügen zurück und setzte sich zu uns an den Abendbrottisch unter dem Baum, wo immer etwas für ihn abfiel. Erst in den letzten Jahren verstärkte sich meine Aufmerksamkeit für das außerordentliche Wesen der Katzen und für dieses ganz individuelle Exemplar. In meinem Elternhaus gab es immer Hunde, aber nie habe ich zu ihnen eine solche tiefe Verbindung aufbauen können wie zu Katzen. Als Kind konnte ich mit unserem Cockerspaniel herumschmusen und ihm manchen Kummer erzählen, aber er nervte mich auch oft mit seinem Gebell und seiner unbändigen Bewegungslust. Ganz anders die Katzen – und speziell Kater Mimi, dessen Gegenwart ich über viele Jahre erleben konnte. Ich wusste ja, dass er nachts jagte, und manchmal fanden wir die abgebissenen Köpfe von kleinen Vögeln – wie Gaben an uns – vor der Terrassentür. Anders als bei Hunden war noch ein veritables Raubtier in ihm verborgen, welches wir selten direkt zu Gesicht bekamen, aber das ständig im Hintergrund dieses sonst friedlichen Wesens mitschwang. Wie eine schwarze Sphinx konnte Mimi lange Zeit ruhig auf einer Stelle sitzen oder liegen und nur schläfrig seine Augenlider auf und niederschlagen. Katzen ruhen auf eine andere, rätselhaftere Weise in sich als Hunde, sie strahlen manchmal etwas geradezu Somnambules aus, was einen selbst tief beeinflussen kann. Wie bei den Bäumen im Wald überträgt sich dann etwas Suggestives vom Tier auf den Menschen, das ihn herunterholt von den schnellen, oft zu schnellen Frequenzen seines Denkens und Vorstellens. Manchmal, wenn der Kater abends auf meinem Schoß lag und ich ihn sanft kraulen konnte, war mir, als stiegen Schichten meines Bewusstseins auf, die tagsüber wie versteckt waren: Geduld und Gelassenheit überkamen mich, selbst mein Atem schien sich ihm anzupassen und auf ruhigere Wellenlängen umzuschalten.

Die Annahme, dass Katzen weniger denken und spüren und daher dumpfer und langsamer sind, ist sicherlich falsch. Christine erzählte mir viel darüber, wie einfühlsam Mimi reagierte, wenn jemand krank oder traurig war. Nach einem Bandscheibenvorfall musste sie längere Zeit am Tag still auf dem Rücken liegen, was den Kater magisch anzog, der ihr nun viel mehr Besuche abstattete als sonst. Er sprang dann von selbst auf das Bett und schmiegte sich an ihren Körper, als ob er ihr Trost und Beruhigung spenden wollte. Er schien auch zu spüren, wenn jemand traurig oder depressiv war, und ließ dann viel häufiger Nähe zu. Der Biologe Rupert Sheldrake ist davon überzeugt, dass Tiere einen siebten Sinn haben, und hat dazu zahlreiche Experimente angestellt, die zeigen, welch scheinbar telepathisches Ahnungsvermögen sie besitzen.[6] In den USA machte der Kater Oscar auf sich aufmerksam, der auf einer Palliativstation sogar den Tod vieler Patienten »voraussagte«, indem er sich kurz vor deren

Ableben neben sie auf das Bett legte. David Dosa, ein Facharzt für Geriatrie, erforschte dieses ungewöhnliche Verhalten über Jahre und fand keine Erklärung dafür. Das Verhalten der Katze, die normalerweise die Nähe zu Menschen nicht suchte, war so treffsicher, dass die Pfleger die Angehörigen herbeiriefen, wenn das Tier den Raum eines Patienten aufsuchte und neben ihm liegen blieb. Näherte sich jemand dem Sterbenden, fauchte der Kater ihn an und wehrte ihn mit ausgefahrenen Krallen ab. Auf diese Art und Weise kündigte das Tier mehr als 50 Todesfälle an, manchmal sogar zwei am selben Tag: Während die Pfleger nicht wussten, welcher der beiden Todkranken zuerst sterben würde, blieb Oscar zuerst auf dem Bett des einen liegen, bis dieser den letzten Atemzug getan hatte, und lief dann hinüber zum anderen, der auch kurze Zeit danach verschied. Die Hinterbliebenen waren von diesem Verhalten keineswegs irritiert; der Kater spendete ihnen Trost und gab ihnen, wenn sie beim Tod ihres Angehörigen nicht dabei sein konnten, das Gefühl, dass dieser nicht ganz allein gestorben war. Oscar zeigte – anders als wir Menschen – keinerlei Angst vor dem Tod: Durch seine stille Anwesenheit bekam das Sterben etwas Natürliches, was alle Beteiligten zutiefst beruhigte.[7]

Solche Eigenschaften braucht man nicht unbedingt auf übersinnliche Fähigkeiten zurückführen, hier bleiben noch viele Fragen für die Forschung offen. Aber sie schärfen unseren Sinn für die ganz besondere und nicht nur rational zu erklärende Ausstrahlung von Tieren. Frühere mythologische Weltbilder haben dies noch gewusst, daher wurden die Tiere damals auch oft als göttliche Wesen verehrt. Während meiner Besuche im Ägyptischen Museum in Kairo kam ich an

etlichen Statuen der Katzengöttin Bastet vorbei und erfuhr, dass man im Wüstensand Millionen von Katzenmumien gefunden hatte, die die große Verehrung dieses Tieres in der Pharaonenzeit bezeugen. Zweimal jährlich richtete man im alten Ägypten für die Göttin Bastet ein großes Fest in der Stadt Bubastis aus, das den Namen »Schönes Fest der Trunkenheit« trug, zu dem an die 700.000 Menschen herbeiströmten. Überall in der Stadt wurde Baldrian ausgelegt, der die vielen Katzen in rauschhafte Zustände versetzte und die oft alkoholisierten Besucher des Festes ahmten nachts das ausgelassene Schreien und Jaulen der Tiere nach.

Neben den Katzen wurden im alten Ägypten auch noch andere Tiere als gottgleiche Wesen verehrt, etwa Stiere, Krokodile, Falken, Ibisse, Affen, Kobras, Löwen und Skarabäen.[8] Die Bewohner des Pharaonenreiches hatten besondere Fähigkeiten an diesen Tieren beobachtet, die sie tief beeindruckten: etwa die kluge Voraussicht von Krokodilweibchen, die ihre Eier immer so legten, dass sie nicht von der jedes Jahr auf eine andere Höhe ansteigenden Nilflut überschwemmt werden konnten. Sie verehrten die Falken, weil diese so scharfe Augen hatten, nahe an die Sonne heranfliegen und dann von dort wie ein Pfeil herabstürzen konnten. Paviane, die in aller Frühe ein sonnenbeschienenes Plätzchen suchten, galten als Verehrer des Sonnengottes Ra und die um die Gräber streifenden Schakale als Verbündete der Toten. Durch die Verehrung besonders starker Tiere suchte man diese zu besänftigen und ihre Kraft für menschliche Zwecke umzulenken. So glaubte man, dass die scheinbar unverwundbaren Nilpferde Schutzgottheiten für Neugeborene werden konnten, da die Bevölkerung im alten Ägypten unter einer besonders hohen Kindersterblichkeit litt. Die giftige

Kobraschlange, die die als gefährlich geltende Wüste beherrschte, wurde verehrt, weil sie an diesem unwirtlichen Ort überleben und sich immer wieder häuten konnte. Sie galt daher als Symbol für Regeneration und Wiedergeburt, genauso wie der Skarabäus, ein Blatthornkäfer, aus dessen riesiger Mistkugel, die er vor sich herschob, immer wieder neue Käfer – aus dort abgelegten Larven – schlüpften, als könne sich dieses Tier ohne Zeugungsakt vermehren. Da man vielen Tieren in der Pharaonenzeit besondere, ja übersinnliche Fähigkeiten zuschrieb, bildete man sie auch häufig in Gräbern ab und sah in ihnen kluge Ratgeber, die die Toten ins Jenseits begleiteten.

Ganz anders im christlichen Mittelalter, wo zahlreiche Tiere regelrecht in Verruf gerieten. Während die Katze bei den Ägyptern als Symbol der Fruchtbarkeit, der Freude und der Feste galt, wurde sie von der Kirche eher mit Skepsis und Abscheu betrachtet. Man deutete ihren Eigensinn und ihr beharrliches Paarungsverhalten als Ungehorsam und Lüsternheit und sah in den Katzen eine Verkörperung des Satans, weshalb Frauen, die sich mit ihnen umgaben, als Hexen verfolgt wurden. Auch Schlangen, Wölfe, Raben, Eulen, Kröten und Schweine galten in dieser Zeit oft als verschlagen, wild, gefährlich und unrein. Doch war es in der Neuzeit sehr viel anders? Man lese nur nach, welche Rolle Tiere in der Philosophie der letzten 400 Jahre spielten. Für Descartes waren sie seelenlose Maschinen, was mit der kirchlichen Meinung konform ging, wonach nur der Mensch als »Krone der Schöpfung« galt. Kant sprach Tieren kein Selbstbewusstsein und keine Vernunft zu, sah sie nur von Trieben und Instinkten bestimmt. Zwar lehnte er eine grausame Behandlung von

Tieren ab, gestand ihnen jedoch keine Autonomie oder Würde zu. War diese negative Beurteilung durch Kirche und Philosophie auch eine geistige Vorbereitung für die schlechte Behandlung von Tieren heute, die vielfach nur noch als eine Art Bioroboter angesehen werden und durch die Zerstörung ihrer Habitate und infolge unwürdiger Haltung schlimme Schicksale erleiden müssen? Dass Tiere eine Seele, eine Persönlichkeit, ja ein ganz besonderes Wesen haben, weiß jeder Tierpfleger im Zoo und jeder, der ein Haustier besitzt. Auch wenn wir im Museum vor den zauberhaften Bildern des Malers Franz Marc stehen, die uns mit ihrer Transparenz ins Innere seiner blauen Pferde und Rehe geleiten, spüren wir das – und doch ändert sich kaum etwas in unserem Umgang mit den Tieren. Muss die Verfeinerung unserer Wahrnehmung nicht viel früher als im Erwachsenenalter ansetzen: dieses »Wohlbeschauen«, von dem Goethe meinte, dass es »ein neues Organ« in uns öffnen kann?

Meine früheren Lehrer in der Schule haben meinen Blick für die Magie der Tiere nicht sonderlich geschärft, ich musste lange warten, bevor ich einen traf, der das wirklich konnte. Mit 37 Jahren lernte ich während eines Sommerseminars in Stuttgart den anthroposophischen Biologen Ernst-Michael Kranich kennen, der uns in einem Vortrag verschiedene Tierarten näherzubringen versuchte. Er wollte uns nicht nur Sachinformationen vermitteln, sondern uns helfen, die »Wesensbilder der Tiere« aufzuschlüsseln.[9] Worte wie »Wesen« und »wesenhaft« sind aus unserer Sprache fast verschwunden, sie gelten als metaphysische Überreste älterer Weltbilder, die man durch die moderne Naturwissenschaft überholt zu haben glaubt. Einige Anthroposophen jedoch lassen sich davon nicht abbringen und versuchen, »Wesensschau« und biologische Fakten zusammenzubringen, was Kranich in beeindruckender Form gelang. Zu Beginn des Seminars hing er große Tafeln mit Skelettformen von Fisch, Gepard und Adler an die Wand und ermutigte uns, etwas über den Knochenaufbau des jeweiligen Tieres zu sagen: eine erste Schulung im genauen Hinsehen. Nach und nach nahmen wir keine Knochenteile mehr wahr, sondern Kraftlinien, die uns plötzlich tiefere Dimensionen des Tieres nahebrachten. So wirkten die hinteren starken Laufgelenke des Geparden auf einmal wie eine Sprungfeder, aus der ein Energiestrom direkt in die Fangzähne seines Gebisses schoss und die das Tier zum Bild eines kraftvollen Jagdpfeiles machte. Plötzlich stand nicht mehr der Gepard, sondern das »Gepardenhafte« im Raum, wir spürten es eher, als dass wir es konkret vor uns sahen. Mittels genauer Beschreibungen von Umgebung, Beute und Jagdverhalten stellte Kranich die Raubkatze in die weiten Savannen Afrikas, die zusammen mit ihr eine höhere Einheit zu bilden schienen. Das weit ausholende Laufen des schönen Tieres schien auf einmal nicht nur bloßen Jagdinstinkten zu dienen, sondern wirkte wie eine Feier der unendlichen Landschaft, die sich in ihm noch einmal auf einer höheren Ebene spiegelte.

Eine ähnliche Vertiefung unseres Sehens gelang Kranich bei der Betrachtung des Adlers, der ganz im Licht- und Luftraum lebt. Daher sind seine Augen größer als sein Hirn und seine Federn ganz auf die subtile Wahrnehmung der Luftströmungen ausgerichtet. Sie seien, so Kranich, mit einem an Goethe orientierten Satz, »von der Luft für die Luft gebildet«. Der Adler kommt nur selten in den Erd- und Gravitationsraum hinunter, das luftige Element strömt nicht nur in seine lungenähnlichen Organe, sondern auch in die Gliedmaßen.

Auch hier fiel wieder das völlige Hingegebensein des Tieres an ein Element auf, die Ausrichtung aller Organe auf eine bestimmte Umgebung, in der es vollkommen aufgeht.

Noch eindringlicher spürten wir dies beim Fisch, dessen ganzer Formaufbau schon auf seine Verschmelzung mit dem Wasser hinweist. Wir bewunderten die Eleganz des stromlinienförmigen Körpers, der ja auch im Fluss anhalten oder in der Gegenrichtung schwimmen kann. Auch hier war wieder alles auf ein vollständiges Aufgehen im flüssigen Element angelegt: das Fehlen von herausstehenden Gliedmaßen oder Augenlidern, mit denen sich der Fisch von seiner Umgebung absondern kann, das Atmen mittels Kiemen durch die Aufnahme des Wassers, sein ständiges Mitvibrieren mit den unterseeischen Klängen, kein eigenes Schmecken, sondern ein vollkommenes Aufgehen in den Geschmacksqualitäten des Wassers. Am Ende der Stunde hatten wir uns so innig mit dem durchlässigen Fischwesen verbunden, dass die Schlussfrage von Kranich wie ein Schock wirkte: Können Sie sich nun vorstellen, wie so ein Tier leidet, wenn es in den Ölstrom eines auslaufenden Tankers gerät? Bis heute erinnere ich mich an den physischen Schmerz, der bei dieser Vorstellung meinen Körper durchlief, der tatsächlich mitfühlte, wie der schwarze, alles verklebende Todessaft langsam alle inneren Lebensfunktionen des Fisches verätzte. Hatte ich vorher Worte wie »Ökologie« oder »Umweltschutz« nur als abstrakte Begriffe gekannt, so rückten sie mir jetzt auf den Leib und ich empfand auf einmal, was mit der »Heiligkeit der Natur« gemeint sein konnte, die z. B. für indigene Völker eine selbstverständliche Qualität darstellt. In einer einfachen Seminarstunde über drei Tierarten waren starke moralische und spirituelle Empfindungen in uns ausgelöst worden, die noch lange nachklangen. Wir hatten die Tiere nicht so erlebt wie in den Schulbüchern meiner Jugend, sondern als lebendige und wunderbare Geschöpfe in ihrer nicht nur rational auslotbaren Einzigartigkeit. Seit dieser Zeit hat auch das Wort »Artensterben« einen anderen Klang für mich bekommen. Es bezeichnet nicht mehr nur sachlich das »menschengemachte Verschwinden von Arten durch Umweltzerstörung oder Ausrottung in der Gegenwart«, wie es auf Wikipedia nachzulesen ist.[10] Sondern es beklagt den äußerst schmerzhaften Verlust von Lebensformen, Charakteren, Farben, Persönlichkeiten, atemberaubenden Schöpfungen der »Künstlerin« Natur, die – wenn sie einmal verschwunden sind – nie mehr wiederkehren. Wer einmal von dem tiefen Blick eines Orang Utans getroffen wurde oder länger in das schweigende Antlitz einer Eule geschaut hat, kann fühlen, was damit gemeint ist. Mit jedem dieser Wesen verliert die Erde eine Melodie, eine Klangfarbe in der Symphonie ihres tönenden Organismus, der ohne diese nur ein Schatten seiner selbst ist.

Einmal habe ich selbst den schmerzhaften Verlust eines Tieres hautnah miterlebt. Ich hatte zu Beginn von dem schwarzen Kater Mimi erzählt, der jahrelang das Haus und den Garten meiner Freundin mit seiner anmutigen und unaufdringlichen Gegenwart belebt hat. Zu meiner Überraschung traf mich sein Tod tiefer, als ich gedacht hätte. Er war schon in höherem Alter, bereits längere Zeit erblindet und konnte sich nur noch mühsam bewegen. Am Ende lag er die meiste Zeit neben einem kleinen Brunnen, dessen Plätschern ihn wohl beruhigte. Immerhin konnte man im Frühjahr noch seine kleine feine Nase beobachten, wie er sie schnuppernd emporhob, um das Herannahen der wärmeren Jahreszeit zu bekunden. Trotz seiner Leiden, die wohl auch mit gelegentlichen Schmerzen verbunden waren, machte das Tier äußerlich einen ruhigen Eindruck. Oft überlegte ich, wie sehr ich wohl klagen würde, wenn mir Augenlicht und Bewegungsfreiheit derart abhandengekommen wären, wie ich vielleicht sogar den Freitod wählen würde, um einer derart reduzierten Lebensform zu entgehen. Aber das kleine Wesen ertrug alles tapfer und mit stoischer Ruhe und genoss die wenigen kleinen Annehmlichkeiten, die ihm noch blieben. Als er dann eines Tages morgens tot in der Küche lag, fühlte ich einen tiefen Schmerz von Verlust und Trauer und vergoss tagelang viele Tränen. Ich war ganz überrascht von der Intensität dieser Trauer, die manchmal noch über den Kummer hinausging, den mir das Ableben nahestehender Menschen verursacht hatte. Was war mit dem kleinen Kater verschwunden, welch seltsames Loch hatte er in meiner Seele hinterlassen? Noch lange nach seinem Tod wirkten Haus und Garten wie verwaist, eine eigentümliche Leere hatte sich breitgemacht, die auch der Frühling mit seinen Düften und Farben nicht richtig beleben konnte. Mir fiel das Wort »Katzenaura« ein: Ein Fluidum, das nicht stofflich oder rational gefasst werden kann, war verschwunden und der Verlust legte sich wie ein grauer Schleier über die ganze Umgebung, in der das Tier gelebt hatte. Auch wenn Mimi früher nicht anwesend war, hatte diese Katzenaura in der Luft gelegen, als eine kaum in Worten beschreibbare zarte Präsenz, die jeden Grashalm und jedes Blumenbeet durchdrang.

Aber meine Tränen schienen noch etwas anderem nachzutrauern, von dem diese Aura vielleicht nur eine Erscheinungsform war. Ich erzählte schon von den geschmeidigen

Bewegungen, von der Ruhe und Entschleunigung, die Mimi mit ins Haus gebracht hatte, von seiner Genügsamkeit, von dem feinen und umsichtigen Erkunden neuer Umgebungen, vom geduldigen Ausharren-Können auch in schwierigen Situationen. Waren all das vielleicht Tugenden und Eigenschaften, die ich nicht in demselben Maße besaß, ja die mir vielleicht sogar manchmal auf schmerzhafte Weise fehlten und die ich in dem verstorbenen Tier verkörpert sah? War der Kater ein Spiegelbild von Seeleneigenschaften gewesen, die bei mir weniger entwickelt waren und die er immer wieder zum Klingen bringen konnte, sodass ich mich in seiner Gegenwart »vollständiger« fühlte? Beweinten meine Tränen in Wahrheit das Loch, das der Tod der Katze in mir hinterlassen hatte und das genauso (wenn nicht stärker) wehtat wie eine körperliche Verletzung?

Ich kann diese Überlegungen bis heute nicht mit Gewissheit bestätigen, aber sie gaben der Stärke und Ausdauer meines Trauerns einen gewissen Sinn und verstärkten meine Nähe zu dem von uns gegangenen Tier. Das Nachdenken über dieses Wesen und seine Wirkung auf mich erzeugte tatsächlich auch einen »Geschmack von Unendlichkeit«, weil es zu Fragen führte, die immer weitere Kreise zogen: Wohin geht eine Katzenseele nach dem Tod? Was war der Grund für ihre mächtige Ausstrahlung zu Lebzeiten? Was verbindet uns in der letzten Tiefe mit den Tieren? Was erkennen wir in ihnen von uns wieder? Zu welchen Selbstreflexionen und seelischen Erweiterungen können sie uns anregen? Auch wenn solche Fragen wohl nie endgültig beantwortet werden können, so bleiben sie doch wertvolle Anregungen, um unsere Beziehung zu all den Geschöpfen zu vertiefen, mit denen wir gleichberechtigt diese Erde teilen.

SEELENLANDSCHAFTEN

Während man hierzulande begeistert vom intensiven Ausdruck der afroamerikanischen Soulmusik schwärmen darf, gerät man in gewissen Kreisen leicht in Verdacht, wenn man zu viel Gebrauch von dem alten deutschen Wort »Seele« macht. Man gilt dann schnell als Romantiker, der zu schwärmerisch und vage von Regungen spricht, die Psychologie und Neurowissenschaften heute angeblich viel genauer benennen können. Wir leben in einer Kultur, in der das Rationale höher bewertet wird als die Tiefen oder Untiefen des Seelischen, die in ihrer Unkontrollierbarkeit ja auch Angst machen. Daher reden wir lieber neutraler von »Emotionen« oder von unserer »Psyche«, während sich die Hirnforscher auf den nüchternen Begriff der »neuronalen Aktivität« zurückziehen.

Doch ich habe ein Faible für das alte Wort »Seele«, vor allem, seit ich von seinen etymologischen Hintergründen erfahren habe. Es soll von dem germanischen »saiwa-lo« abstammen, das von »saiwaz« (See) abgeleitet ist und so viel bedeutet wie »zum See gehörig«. Der Bezug zum Wasser rührt daher, dass es nach altgermanischem Glauben ein Totenreich auf dem Meeresgrund geben soll und dass manche

Menschenseelen nach dem Tod in bestimmte »heilige Seen« eingehen.[11]

Diese sprachliche Verbindung von »Seele« und »See« eröffnet einen poetischen Klangraum, der zu mir spricht. Auch in der deutschen Romantik wurde das Wort »Seele« in seiner größtmöglichen Weite benutzt, oft in Verbindung mit Wasser und Luft, wodurch das Fluide und Grenzenlose seines Bedeutungsraumes betont wurde. Eichendorff dichtete in seinem berühmten, von Robert Schumann kongenial vertonten Gedicht »Mondnacht«:

> Und meine Seele spannte
> Weit ihre Flügel aus
> Flog durch die stillen Lande
> Als flöge sie nach Haus.[12]

Wir seufzen, wenn wir solche Zeilen lesen, egal wie »aufgeklärt« wir sind, weil sich dann unsere Brust weiten kann und wir gleichsam schwerelos fliegen und träumen dürfen. Was bedeutet vor diesem Hintergrund das Wort »Seelenlandschaft« und welche Erfahrungen habe ich damit gemacht? Wir bezeichnen damit zunächst einmal eine Region, zu der wir uns stark hingezogen fühlen, in die wir immer wieder reisen wollen, ohne dass uns dabei langweilig wird. Manche Menschen ziehen im Alter in solche »Seelenlandschaften«, oft abseits der großen Städte, um hier den Lebensabend zu verbringen und auch eventuell dort zu sterben. Obwohl ich viele Regionen in meiner deutschen Heimat liebe, fand ich dort bisher keine, die solche Gefühle bei mir auslöste. Ich wanderte mit Caspar David Friedrich durch das imposante Elbsandsteingebirge, mit Goethe durch den mythischen

Harz, erkundete Hölderlins liebliche Neckarlandschaften und Heideggers dunklen Schwarzwald. Dabei empfing ich tiefe Inspirationen und es kamen sogar Heimatgefühle auf, aber meine eigentlichen »Seelenlandschaften« fand ich in den keltischen Regionen Großbritanniens. Warum das so ist, weiß ich bis heute nicht und vielleicht hilft mir dieses Buch, mehr Klarheit darüber zu gewinnen.

Lange bevor ich das erste Mal mein eigentliches Traumland Schottland betrat, traf ich auf subtile Vorzeichen dieser bis heute anhaltenden Passion. Nachdem 1980 ein Doktorandenstipendium für mich abgelehnt worden war, streifte ich enttäuscht durch die Altstadt von Göttingen, wo die Prüfung stattgefunden hatte. Zwei Professoren hatten mich über eine Stunde lang »verhört« und erhebliche Allergien gegenüber meinem Dissertationsthema gezeigt, das mit Theodor W. Adorno und Friedrich Nietzsche kritisch die Verwissenschaftlichung der heutigen Welt beleuchten wollte. Die Prüfer, tief überzeugt vom Wert logischen Denkens und empirischer Beweise, mochten meinen ganzen Ansatz nicht, den Verweis auf die Bedeutung der Kunst, ihrer Bilder und Metaphern, die ich der abstrakten Begriffssprache der Wissenschaft gegenüberstellte. Ich verließ die Prüfung mit dem Gefühl, ein Künstler zu sein, der nicht in den akademischen Alltag passte, und wurde von einem der Professoren auch noch mit dem Satz entlassen: »Sie werden es nicht einfach haben in der wissenschaftlichen Welt.«

Während des anschließenden Spaziergangs durch Göttingen fiel mir ein großer Wandkalender im Schaufenster einer Buchhandlung auf: Eindrucksvolle Schwarz-Weiß-Fotografien von Schottland waren darauf zu sehen, etwa ein

Telefonhäuschen mit zerbrochener Glasscheibe in einer weiten einsamen Landschaft. Ich war tief berührt von diesen Bildern, kaufte den Kalender, ließ die schönsten Motive einrahmen und hängte sie in meine kleine Studentenwohnung in Berlin-Neukölln. Verfallene Burgen, uralte Steinkreise, Hügelgräber, keltische Sonnenkreuze, steile Klippen und dramatische Wolkenlandschaften waren darauf zu sehen: archaische Gegenden und magische Orte der Vorzeit, die vertraut auf mich wirkten, als hätte ich dort schon einmal gelebt. Diese Motive begleiteten wie ein ruhiger und tiefer Ton meinen Alltag, in dem ich die Doktorarbeit fertigstellte, die – anders als in Göttingen – in Berlin dann doch sehr gut bewertet wurde. Aber schon am Tag nach der bestandenen Prüfung wusste ich, dass ich kein Wissenschaftler werden wollte, und bewarb mich für ein Studium an der Deutschen Film- und Fernsehakademie. Ich wollte künftig Geschichten in Bildern und nicht in abstrakten Begriffen erzählen. Hatte mich der Fotokalender dabei unterschwellig inspiriert, hatten seine traumähnlichen Szenerien meine Seele an ihre eigentliche »Heimat« und Aufgabe erinnert, die woanders lag als an einer deutschen Universität?

Doch es vergingen noch einige Jahre, bis ich tatsächlich in jenes ferne Land aufbrach, dessen Bilder nun die Wände meiner Wohnung zierten. Nach der schmerzhaften Trennung von einer Freundin fiel mir durch Zufall ein Schottland-Reiseführer in die Hand und ich entschloss mich spontan, einen Flug nach Edinburgh zu buchen, um von dort aus mit dem Zug in den äußersten Norden des Landes zu fahren. Dabei wollte ich Aufnahmen für einen Spielfilm machen, in dem ein Physiker sich immer mehr in den Weiten Schottlands und der keltischen Mythologie verliert, bis sich seine Spuren an einem Steinkreis auf den Orkney-Inseln ganz auflösen: ein etwas schräges und fantastisches Thema, das bei meinen Mitstudenten an der Filmakademie Ratlosigkeit, aber auch Bewunderung auslöste und für das ich nun eindrucksvolle Bilder suchte. Der Film sollte »Ultima Thule« heißen, nach dem Namen, den einst die Römer dem nördlichen Rand Großbritanniens gaben, der für sie das »Ende der Welt« bedeutete und zu dem sie sich nie vorgewagt hatten. Ich reiste alleine mit einer 16mm-Bolex-Kamera sowie vielen Rollen Schwarz-Weiß-Film im Rucksack und tauchte bereits nach meiner Ankunft in Edinburgh in eine unbekannte Welt ein, die tatsächlich zu einer echten »Seelenlandschaft« wurde.

Die erste »Initiation« geschah an einer am Meer gelegenen Burgruine bei Stonehaven, südlich von Aberdeen, zu der ich bei schlechtem Wetter mit einem Bus gefahren war. Ich hatte das aus dem 14. Jahrhundert stammende »Dunnottar Castle« bereits im Reiseführer bewundert und wusste, dass es meine erste Anlaufstelle in Schottland werden sollte. Imposant und rätselhaft lag die Burg auf einer hohen Felseninsel im Meer und war nur durch einen langen schmalen Pfad zu erreichen, der sich wie eine Erdbrücke über das Wasser spannte. Die Ruinen wirkten auf mich wie ein entrückter, vom Festland getrennter Geheimort, wo neuartige Erlebnisse auf mich warteten. Kein Besucher war dort zu sehen, wohl auch wegen des leichten Regenwetters, sodass ich ganz alleine durch die alten Gemäuer streifen und in Ruhe filmen konnte. Da ich nur 30-Meter-Filmrollen dabeihatte, musste ich alle paar Minuten in einem Dunkelsack eine neue ein-

legen und wählte dazu eine alte Scheune, in der mir ein paar Schafe dabei zusahen. Als eines der Tiere neugierig an dem Dunkelsack herumschnupperte und ich es abwehren musste, um den Filmwechsel nicht zu gefährden, dachte ich plötzlich: Was machst du hier eigentlich? Deine Kollegen in Berlin leuchten gerade schicke Filmsets aus, in den sie elegant mit Kamerakränen herumfahren, und du hantierst hier zwischen Schafsmist mit einer alten Bolex herum, die du per Hand aufziehen musst und deren Material nur für zweieinhalb Minuten reicht. Aber meine Zweifel verflüchtigten sich bald und hatten keine wirkliche Macht über mich: Ich spürte, dass ich auf der bisher wichtigsten Reise meines Lebens war, auf einer Fahrt ins Ungewisse, die aber von sicheren Instinkten geleitet wurde, wie ich sie zuvor nie gefühlt hatte. Neben Fotos in dem Wandkalender und in Reiseführern hatte mich auch der Klang bestimmter Namen stark angezogen: »Duncansby Head«, »Maes Howe«, »Skara Brae«, »Dun Ringill«, »Kyle of Lochalsh«, »Callanish«, »Ring of Brodgar« und eben auch »Dunnottar Castle«, wo ich mich gerade befand. Sie klangen englisch und auch wieder nicht, einige von ihnen schienen aus viel älteren Zeiten zu kommen, aus vergangenen Sprachen und Kulturen, die ich noch nicht kannte, aber die durch ihre Namen vertraut wirkten. Was suchte ich jetzt an den Resten dieser alten Burg? Wollte ich ihrer Geschichte wirklich nachspüren und welchen Zweck sollten ihre Aufnahmen in meinem Film erfüllen? Ich wusste keine Antwort auf diese Fragen und merkte nur, dass die geschichtlichen Fakten mich nicht interessierten: Ich spürte einfach nur intuitiv den Stimmungen nach, die mich dort empfingen. Der verhangene Tag, der sich langsam zu lichten begann, die verfallenen Gemäuer aus alter Zeit, die von langstieligen Kräutern überwachsen waren, das Rauschen des tief unter den Steilklippen liegenden Meeres, die friedliche Ruhe der grasenden Schafe: All das wirkte mit suggestiver Macht auf mich und die Vorstellung, diese Bilder in Schwarz-Weiß-Tönen auf Film zu bannen, verstärkte die Eindrücke noch. Die Burg wurde zu einem Sinnbild, das intensiv zu mir sprach. Sie stellte kein reales Gebäude dar, in dem vor 600 Jahren bestimmte Menschen gelebt hatten, sondern verwandelte sich zu einem poetischen Gehäuse, in dem meine Seele frei umherstreifen konnte. Ich musste an die Zeilen des japanischen Dichters Kenko Yoshida aus dem 14. Jahrhundert denken, der zur Zeit der Errichtung von »Dunnottar Castle« geschrieben hatte:

»In ein Haus, das einen Herrn hat, kehrt ein Mensch, der nicht dort hingehört, niemals nach Belieben ein. Doch eine unbewohnte Stätte betritt aufs Geratewohl ein jeder, der des Weges kommt. Auch Füchse und auch Eulen nisten sich dort ein, als wär' es ihr Revier, weil sie niemand stört. Und Geisterwesen, wie Baumgespenster und dergleichen mehr, treiben an dem Ort ihr Spiel.«[13]

Ich betrat jetzt hier eine ähnliche »unbewohnte Stätte« und sah diese wie eine Metapher für meine geistige Pilgerfahrt an. Im fernen Schottland suchte ich genau nach solchen Orten, die rau und unfertig waren, überwachsen und voller Risse und Sprünge, in denen sich meine Fantasie frei bewegen konnte: Räume, die wie dunkle Höhlen waren, wo unbekannte Schätze lagen, die ich aufspüren wollte. Dass der japanische Dichter neben Füchsen und Eulen auch Geistwesen dort herumstreunen lässt, gefiel mir. Ich bevölkerte die Ruinen ja auch mit meiner Imaginationskraft, indem ich den

Protagonisten meines Filmes – den später verschollenen Physiker – dort herumstreifen ließ, auf der Suche nach alten Manuskripten und Symbolen, die ihn immer tiefer ins Mysterium des »Keltischen« hineintrieben. Auch dieses Wort hatte mich magisch nach Schottland gezogen und gehört bis heute zu den Wegmarken meiner »Seelenlandschaften«. Es deutete nicht nur auf die Mythologie der ehemaligen Kulturen Großbritanniens hin, sondern auch auf die Sagenwelt späterer Jahrhunderte, in der Ritter, Feen, Zauberwälder und der »heilige Gral« eine wichtige Rolle spielen. Auch das Wort »keltisch« besaß einen ungeheuer anziehenden Klangraum für mich, ähnlich wie der Begriff »Seele« – und heute glaube ich manchmal, dass sich beide für mich ergänzen. Mit dem keltischen Geist kam ich in Schottland ständig in Berührung, etwa wenn auf Ortsschildern neben den englischen auch die gälischen Namen auftauchten, die mich auf eigenartige Weise berührten. Dort stand dann neben Aberdeen auch »Obar Dheathain«, neben Pentland Firth »Ein Caol Arcach« und neben Grampian »Roinn a Mhonaidh«. Die alten Ortsbezeichnungen wirkten wie die knorrigen und moosbedeckten Baumwurzeln, an denen ich bei meinen Wanderungen durch die Highlands vorbeikam, wie Chiffren einer verwunschenen Welt, die tief ins Erdreich hinabreichten.

Bei einem Musikfestival auf der Isle of Skye kam ich auch mit dem keltischen Liedgut in Berührung, das für mich zur Seelenlandschaft Schottlands dazugehört. Eine etwa 40-jährige Frau mit kurzen blonden Haaren sang ohne Begleitung einen altgälischen Song, der mich zu Tränen rührte. Ich verstand kein einziges Wort, nur die Melodie und die fremden Sprachklänge erreichten mein Herz, aber als ich nachher hinter die

Bühne ging, um der Sängerin meinen Dank auszusprechen, übersetzte sie mir den Text. Das Lied handelte von einer Meerjungfrau, in die sich ein Fischer eines Tages am Strand verliebt hatte und die er überreden konnte, seine Frau zu werden. Sie zog mit in sein Heim, brachte mehrere Kinder zur Welt und war eine liebevolle Ehefrau und Mutter. Doch eines Tages, als der Fischer nach Hause kam, war die Wohnung leer und nur ein Abschiedsbrief seiner Frau lag auf dem Küchentisch. Darin beschrieb sie, wie sie bei offenem Fenster genäht und immer wieder das verführerische Rauschen des nahen Meeres gehört hatte. Irgendwann wurde ihre Sehnsucht so stark, dass sie das Haus verlassen und in ihre Wasserheimat zurückkehren musste.

Hatte diese im Lied vermittelte Sehnsucht etwas in mir angesprochen? Gab es auch in mir etwas Vergleichbares, das aber noch im Unbewussten lag und jetzt als starkes Gefühl aufgestiegen war? War ich nach Schottland gefahren, um dort etwas zu finden, was es in meiner Heimat nicht mehr gab: spirituelle Tiefe, große und zauberhafte Empfindungen, Mythen, Sagen, Lieder und magische Orte, die vom Geheimnisvollen der menschlichen Existenz erzählen und verborgene Wünsche in uns zum Klingen bringen? Eine interessante Beobachtung war, dass ich mich bei all diesen Exkursionen in Schottland nie einsam gefühlt habe, obwohl ich viel allein unterwegs war und gerade eine langjährige Liebesbeziehung zu Ende gegangen war. Aber die vielen Eindrücke nährten meine Seele so stark, dass ich das erste Mal in meinem Leben ein Gefühl verspürte, das mir seither viel Halt im Leben gegeben hat: erfüllte Einsamkeit.

Auch wenn ich allein in entlegenen Landschaften übernachtete, war die Umgebung immer reich und voller kleiner

Wunder. Bereits der Stimmungswechsel des Wetters war ein dramatisches Ereignis, in dem Licht und Schatten, Regen und Sonne ständig eindrucksvoll ineinander übergingen. Hohe Bergspitzen und weite Täler eröffneten atemberaubende Blicke und Steilklippen mit seltsamen Basaltformationen erzählten Geschichten, die ich vorher nicht gekannt hatte. Die kargen Landschaften wurden zu einer riesigen Leinwand, die ich mit meinen inneren Bildern füllen konnte, und ich wurde dabei mit Empfindungen konfrontiert, die in meiner Heimat keinen Raum gefunden hatten.

Auch unheimliche Stimmungen konnten dabei sein, die mir jedoch nie Angst machten. Eines Tages wanderte ich zur »Sandwood Bay« an der Nordwestküste von Schottland und suchte dort einen Platz zum Übernachten. Ich fand mich an einem weiten, leeren Strand wieder, der zu einer langgezogenen Dünenlandschaft aufstieg, zu dem »Wald aus Sand«, in dem ich mein kleines blaues Zelt aufschlug. Anschließend machte ich einen Spaziergang, um mir die Gegend genauer anzusehen. Da tagsüber ein eher trübes Wetter gewesen war, senkte sich langsam eine bleierne Dämmerung über den Strand, die alles in ein merkwürdiges Licht tauchte. Ich kam zu einer verfallenen Hütte, von deren Decke ein Strick herunterhing, der mich an einen Galgen erinnerte. Niemand war zu sehen, nur zerborstene Teile von an Land gespülten Schiffswracks lagen um die Hütte herum. Plötzlich erblickte ich in der Ferne den riesigen dunklen Leib eines Tieres, das reglos auf der langsam von der Flut überspülten Sandfläche lag. Beim Naherkommen sah ich, dass es ein gestrandeter Wal war, aus dem bereits Möwen und andere Vögel Fleischstücke herauspickten. Als ich mich umdrehte, bemerkte ich, wie weit ich mich bereits von meinem Zelt entfernt hatte: Mit

Mühe konnte ich den kleinen blauen Fleck im endlosen Dünengras ausmachen und begann langsam den Rückweg, da es immer dunkler wurde. Da brach plötzlich noch einmal kurz die Sonne hinter den Wolken hervor und tauchte alles in ein verwunschenes Licht: Ihre Strahlen verliehen dem dunkelgrünen Meer ein silbernes Glitzern und am Horizont türmten sich mächtige schwarze Wolkenberge auf, hinter deren Rissen und Spalten der orangenfarbene Sonnenball langsam in die Fluten versank. Eine vollkommen unwirkliche Atmosphäre breitete sich aus, eine Anderswelt-Stimmung, wie ich sie vorher noch nie erlebt hatte. Aus dem mysteriösen Licht- und Farbenspiel tauchten plötzlich Legenden auf, von denen ich vorher in einem Buch über die Sandwood Bay gelesen hatte: etwa von Ertrunkenen, die sich nachts als Geister herumtrieben, oder von einer Meerjungfrau, die ein Bauer im Jahre 1900 zwischen Felsen entdeckt haben wollte, als er nach seinem Hund suchte. In einer solchen Atmosphäre bekommen selbst unrealistische Geschichten ein intensives Eigenleben, das sich hier noch mal dadurch verstärkte, dass am Strand keine andere Menschenseele zu sehen war. Auch hier hatte ich wieder den Eindruck, dass solche Erlebnisse in Deutschland oder Mitteleuropa nicht möglich waren – ich musste dafür nach »Ultima Thule« fahren.

Ähnliches geschah auf den schottischen Orkney Inseln, wo ich eine Menge archäologischer Stätten entdeckte, von deren Existenz ich vorher nichts gewusst hatte. Auch sie eröffneten mir einen neuen Tiefenraum der Bilder und spirituellen Erlebnisse. In Deutschland war mir verborgen geblieben, dass schon vor 5000 Jahren Menschen in West- und Nordeuropa Naturtempel errichtet hatten, wo sie Götter verehrten, die anders waren als der christliche Gott. Nichts davon hatte ich jemals in der Schule gehört und damals in den 1980er Jahren gab es kaum Berichte in den Medien darüber. So überkam mich ein großes Staunen, als ich auf Mainland, der größten Orkney Insel, plötzlich vor dem monumentalen Steinkreis »Ring of Brodgar« stand, der doppelt so groß wie Stonehenge ist und völlig einsam zwischen zwei Seen liegt. Was bedeutete diese kreisrunde Anlage, die die Menschen vor so langer Zeit unter großen Mühen errichtet hatten? Auf mich wirkte sie wie ein Symbol, das sowohl geschlossen als auch nach oben hin geöffnet ist. In seiner Mitte fühlte ich mich geerdet und beschützt, aber auch frei, um meine Gedanken zu den Gestirnen aufsteigen zu lassen. Gerade die minimalistisch reduzierte Form des Steinkreises lud mich ein, in Meditationen einzutauchen über mein Verhältnis zu Himmel und Erde, Sonne und Mond sowie zum Wechsel der Jahreszeiten, den frühere Kulturen hier genau beobachtet hatten.

Ähnlich eindrucksvoll war das nur eine Viertelstunde mit dem Fahrrad entfernte Ganggrab »Maes Howe«, in das ein zehn Meter langer Tunnel führt, durch den man wie ein Kind zurück in den Bauch der Erdmutter kriecht. Am Tag der Wintersonnenwende fällt ein Lichtstrahl der aufgehenden Sonne durch den Gang in die Hauptkammer, die wohl früher als Grab und Kultstätte diente. Viele Jahre nach seiner Errichtung kamen Wikinger auf die Insel und waren so beeindruckt von dem Hügelgrab, dass sie zahlreiche Runeninschriften und Ritzzeichnungen im Inneren anbrachten. Aber es gibt noch andere solcher Steinzeit-Tempel auf den Orkneys, der rätselhafteste liegt auf der winzigen unbesiedelten Insel Holm, die nur 600 Meter von der Küste entfernt liegt. Hier befindet sich ein noch größeres Ganggrab als »Maes

Howe«, fast 40 Meter lang und 20 Meter breit, mit seltsamen Augendarstellungen auf den Steinwänden, in dessen Kammer am 21. Dezember ebenfalls die aufgehende Sonne fällt. Auf meiner Reise hatte ich von diesem seltsamen Ort zwar gehört, aber aus verschiedenen Gründen nicht gewagt, ihn zu besuchen. Ich hätte ein Boot und einen erfahrenen Seemann mieten müssen, der mich auf das einsame Eiland hinübergefahren und nach einigen Stunden wieder abgeholt hätte. Damals spürte ich eine sonderbare Scheu, dort länger alleine zu bleiben und in das Grab hineinzugehen. Aber der verwunschene Ort lebte während der ganzen Reise in meiner Fantasie weiter: Ich dachte, man müsste ihn eigentlich zur Wintersonnenwende aufsuchen, an einem eisigen Dezembertag, und dann dort übernachten, um zu spüren, was mit einem passiert, wenn der erste Lichtstrahl in die dunkle Kammer fällt.

Dieser sonderbare Ort erinnerte mich an Arnold Böcklins Gemälde »Die Toteninsel«, das mich schon immer fasziniert hatte. Hier im äußersten Norden Europas gab es tatsächlich eine solche Toteninsel, die die damaligen Menschen nur dafür benutzt hatten, um geheime Rituale abzuhalten, die den Übergang vom Winter in eine neue Jahreszeit markierten, an dem auch die Seelen der Toten beteiligt waren. Immer wieder fragte ich mich, warum mich all das so berührte, warum ich mir eine so kühle und entlegene »Seelenlandschaft« ausgesucht hatte, wo doch meine Freunde eher entsprechende Gegenden im warmen Süden bevorzugten. Doch ich empfand den Norden trotz seiner gelegentlichen Nässe gar nicht als kalt und sehnte mich auch nicht nach sonnigeren Gefilden, die ich ja von früheren Reisen durchaus kannte. Die endlosen, vom Regen immer wieder befeuchteten Grüntöne Schottlands und ihre Abstufungen wärmten mich auf andere Weise, ebenso die keltischen Namen, Mythen und Lieder sowie die prähistorischen Tempelanlagen, von denen ich gar nicht genug bekommen konnte. Hier oben gab es keine überfüllten Strände und bunten, lauten Verkaufsstände, keine zur Schau gestellte Äußerlichkeiten, hier verkehrten eher Einzelgänger, die in einer reichen Innenwelt lebten und gut mit sich allein sein konnten. Erst in Schottland ging mir der Unterschied zwischen Einsamkeit und Alleinsein auf. Für mich meinte Alleinsein eben nicht schmerzliche Isoliertheit, sondern All-Eins-Sein: mit dem All verbunden sein als ein wunderbares Gefühl und nicht als nagende Leere, die mit irgendetwas aufgefüllt werden musste. Hier oben wurde ich von etwas genährt, das ich in Deutschland nicht gefunden hatte: War es der Innenraum meiner Seele, der sich in den uralten grasbewachsenen Kultanlagen spiegelte, in deren Stille ich manchmal meinen Herzschlag zu hören glaubte?

Inzwischen weiß ich mehr über diese geheimnisvollen Plätze und »Seelenlandschaften«, die ich damals besucht habe. Ganz in der Nähe der kleinen Toteninsel fand man mehrere kleine Frauenskulpturen, z. B. die gut erhaltene »Venus von Westray«, deren Augen an jene erinnern, die in der Tempelanlage auf der Insel Holm in die Wände geritzt wurden. Was sollte das bedeuten? Gehörte diese Plastik zu der Kultstätte dazu? Wurden die Toten im Inneren des Hügelgrabes von einer Erdgöttin empfangen, die einem das letzte Geleit gab? Schaute sie einen dabei mit vielen, sowohl in die Steinwände als auch in die Skulpturen hineingeschnitzten Augen an? Oder traf man dort auf eine der »Feen«, wie sie in vielen keltischen Märchen beschrieben werden, weshalb manche Hügelgräber auch »Fairy Mound« genannt werden? Vieles davon hatte ich damals auf meiner Schottlandreise noch nicht gewusst, aber auf mich hatten diese uralten Grabanlagen nie besonders männlich gewirkt. Tatsächlich kroch ich in ihr Dunkel nicht wie in einen angstmachenden Abgrund hinein, sondern wie in den Bauch der Erde, der Gefühle von Geborgenheit und angenehmer Weite versprach. War also meine Reise eine Pilgerfahrt zu einer vergangenen Spiritualität gewesen, die das Weibliche in den Mittelpunkt stellte, das hier in Form von runden Hügelgräbern, dunklen Erdkammern, Kreissymbolen und Göttinnen-Skulpturen verehrt wurde? Mir fiel auf, dass ich auf meiner Reise ausschließlich Musik von Sängerinnen gehört hatte, etwa von Kate Bush und Suzanne Vega, deren sanfte Stimmen mich manchmal wie Sirenengesang begleitet hatten. Und vor allem Kate Bush mit ihren märchenhaften Texten war mir oft selber wie eine keltische Fee erschienen, die sich in unserer Zeit neu verkörpert hatte, um uns an lang vergessene Dinge zu erinnern. Suchte ich also in dieser schottischen »Seelenlandschaft« den weiblichen Teil meiner Seele, das Intuitive, Durchlässige, Grenzenlose und Geheimnisvolle, das in meiner Heimat Deutschland immer zu kurz gekommen war? Schickte ich deshalb in meinem Film einen Physiker, der in einer Welt abstrakter Formeln lebte, auf entlegene Inseln am »Ende der Welt«, um dort in die Endlosschlaufen keltischer Ornamente einzutauchen und letztlich an einem mysteriösen Ort zu verschwinden?

Wir erfuhren bereits, dass das Wort »Seele« eng mit dem Wort »See« zusammenhängt, besser gesagt mit dem Grund von Gewässern und Meeren, in die die Toten am Schluss wieder eingehen, um dort in veränderter Form weiterzuleben. Hatte ich in Schottland eine solche symbolische Landschaft des Fluiden und Verborgenen entdeckt? Eine in viele dunkle Grüntöne getauchte Unterwelt, die die Kelten auch »Anderswelt« nannten, in der ich Verwandlungen erleben konnte und ein Nachhausekommen zu vernachlässigten Teilen meiner selbst, die mich erst zu einem ganzen Menschen machten? Wenn so etwas der Sinn einer »Seelenlandschaft« ist, so hatte ich in Schottland meine gefunden und werde sie auch in Zukunft weiter erkunden, um weitere verborgene Dimensionen in mir aufzuschließen.

DAS LIED DER STILLE

»Seelenlandschaften« halten auch Momente der Stille bereit: Bei meinen langen Wanderungen in Schottland kam ich oft in einsame Gegenden, wo kein Straßen- oder Großstadtgeräusch mehr zu vernehmen war. Ich übernachtete etwa in den weiten menschenleeren Regionen des »Rannoch Moores«, in dem man sich im Winter und bei Nebel verlaufen kann, sowie in abgelegenen Tälern auf dem »West Highland« und »Southern Upland Way«. Vor allem in der Dämmerung konnte es dort gespenstisch leise werden, wenn auch Vögel und Insekten verstummt waren und sich eine fast betäubende Stille breit machte. Dann musste ich an den Dauerlärm denken, dem wir in unserem normalen Alltag ununterbrochen ausgesetzt sind. Gerade wenn man in einer Großstadt wohnt, erfährt man draußen eine permanente Reizüberflutung durch Verkehrslärm, viele Menschen und Werbeplakate, aber auch zu Hause beim Surfen im Internet und beim Fernsehen. Als ich bei meinen Wanderungen das »Lied der Stille« genoss, wurde mir bewusst, dass auch TV-Naturfilme durch eine überladene Ton- und Musikspur immer aufdringlicher werden. Aus Angst davor, dass Zuschauer auf einen anderen Kanal umschalten, wird alles mit einer Musikberieselung versehen, die uns ständig in Atem hält und vorgibt, was wir fühlen sollen: Wir hören pathetische Orchesterklänge, wenn wir monumentale Gebirgszüge sehen, lyrische Passagen, wenn in Zeitraffer Knospen aufspringen, lustige Klarinettentupfer bei witzigen Tiertänzen, rührende Streicherklänge bei Mutter-Kind-Situationen und dramatische Trommelrhythmen, wenn Raubtiere ihre Opfer verfolgen.

Hier in Schottland war alles ruhig: die Berge, Blumen, Bäume, Füchse, Hirsche und selbst die Adler, die in den Lüften kreisten. Man hörte vielleicht manchmal einen einzelnen Vogelschrei oder das Rauschen eines fernen Flusses, aber sonst herrschten die ruhigen und langsamen Rhythmen der Natur, die auch mich in ein anderes Zeitgefühl versetzten. Zu wandern und das »Lied der Stille« zu hören, bedeutet auch Entschleunigung und Verfeinerung der Wahrnehmung für subtilere Nuancen der Umgebung und des eigenen Innenlebens. Dies setzt aber auch die Fähigkeit voraus, leer zu werden und den Lärm der permanenten Gedankenarbeit herabzudämpfen, um offen für andere Erfahrungen zu werden: eine Meditationsübung, die man auch beim Wandern machen kann.

Bei meinen Streifzügen durch entlegene Landschaften profitierte ich von Erfahrungen, die ich vorher in einem Zen-Kloster in Frankreich machen konnte. Dort hatte ich eine Woche lang an einem »Sesshin« teilgenommen, an einer Übungsperiode, bei der bis zu sechs Stunden täglich meditiert wird, und zwar in Gemeinschaft mit einer »Sangha«, einer Gruppe von gleichgesinnten Meditationsschülern unter Anleitung eines Lehrers. Ich hatte schon in Berlin in einem Kreuzberger »Dojo« mit solchen Übungen angefangen und intensivierte diese Praxis nun während eines Sommerkurses in dem Zen-Zentrum »La Gendronniere« an der Loire. Dieses wurde 1979 von dem japanischen Zen-Meister Taisen Deshimaru gegründet und besteht aus einem alten Schloss aus dem 19. Jahrhundert inmitten eines großen Parks mit wunderschönen alten Bäumen, in dem sich eine Meditationshalle für bis zu 400 Personen befindet.

Hier verspürte ich das »Lied der Stille« zum ersten Mal, vor allem frühmorgens, wenn ich – die Beine zum Lotussitz gekreuzt – mit Dutzenden anderen Meditierenden in der Tempelhalle auf meinem Kissen saß. Dann konzentrierten wir uns ganz auf unseren Atem, vor allem auf das lange Ausatmen, und versuchten unsere Gedanken kommen und gehen zu lassen. Erst bei dieser Übung hatte ich gemerkt, was ständig in meinem Kopf los war: ein permanentes Feuerwerk von Gedanken, Gefühlen, Erinnerungen und Zukunftsplänen, das mir manchmal wie ohne meine Beteiligung durch den Kopf rauschte und mich eigentlich nie zur Ruhe kommen ließ. Der Zen-Meister hatte uns ein Bild mitgegeben, mit dessen Hilfe wir eine Struktur in dieses Tohuwabohu bringen sollten: »Stellt euch eine schwingende Pendeltür vor, durch die ihr ein Gebäude betretet und gleich danach wieder verlasst. Dann lasst in diesem Drehrhythmus einen heranfliegenden Gedanken herein-, aber auch wieder hinausgleiten, so dass er sich nicht festsetzen kann.« Leichter gesagt als getan: Immerhin half es, durch das tiefe Ein- und Ausatmen Gedanken und Gefühle tatsächlich kommen und gehen zu lassen, sodass man im Verlauf der Übung immer ruhiger wurde. Bei der ersten Meditation frühmorgens um sechs Uhr war es noch ganz still draußen in dem großen Park, der das

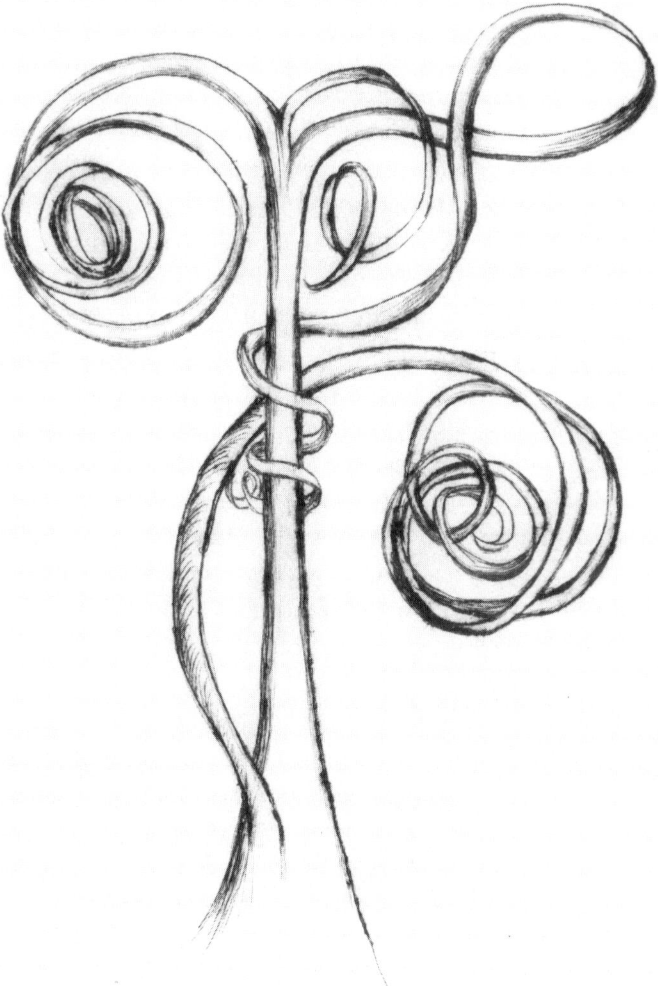

Schloss und die Meditationshalle umgab. Nur vereinzelte leise Vogelstimmen waren durch die geöffneten Fenster zu hören und das Rauschen der Bäume, wenn der Wind sanft durch sie hindurchfuhr. Aber vor allem in mir breitete sich immer mehr Stille aus: Ich wurde allmählich zu einem aufnahmebereiten Gefäß, das Wahrnehmungen empfangen konnte, die nicht sofort wieder von Vorstellungen und Wertungen überwölbt wurden. Nur einzelne Gongschläge und Sätze des Zen-Meisters unterbrachen ab und zu die friedliche Stille, die sich um uns ausbreitete. Diese kurzen Sätze, die plötzlich und ohne Vorbereitung gesprochen wurden, sollten unsere Konzentration auf das Hier und Jetzt verstärken und uns daran erinnern, wie instabil unser Geist oft war.

»Der Verdurstende merkt nicht, dass er in einer Wasserlache steht«, lautete einer dieser Zen-Sprüche, ein anderer: »Dem Berg ist es egal, ob ein Windhauch über seine Gräser streicht oder eine Kuhherde darüber trampelt.« Wir waren die Durstigen, die ständig nach Wasser riefen, obwohl wir uns nur hätten bücken müssen, um aus der kleinen Lache am Boden zu trinken: Es war immer alles schon da, in einer größeren Menge, als wir es uns vorstellten, und trotzdem riefen wir nach immer mehr. Diese Lektion war schmerzhaft und erinnerte uns an die Fülle, in der wir bereits standen, aber die wir nicht mehr wahrnehmen konnten. Der andere Spruch erinnerte uns daran, dass wir bei einer Meditation auch vorübergehend zu einem »Berg« werden konnten, der keinen großen Unterschied spürt, ob er nun von zarten Windbewegungen oder harten Rinderhufen berührt wird. Ich merkte bei diesen Worten besonders deutlich, wie stabil mein Gesäß und meine Knie auf dem Boden hafteten und auch die gerade aufgerichtete Wirbelsäule, an der die Luftzüge meiner

Lunge sanft herauf- und herabliefen. Dann fühlte ich mich wirklich wie ein Berg, den nichts aus der Ruhe bringen kann, und erfuhr ganz konkret, wie ich mit der Kraft der Geduld und des richtigen Atmens viele Irritationen im Leben besser meistern konnte. Dies waren natürlich Idealbilder, denen wir schon eine Stunde nach der Meditation nicht mehr voll gerecht wurden, aber sie halfen, uns immer wieder auf die Fülle des Augenblicks zu besinnen, die so leicht in den mentalen Gewittern unseres Gehirns verlorenging. Jeder Augenblick ist tatsächlich unendlich tief, wenn man ihn richtig betrachtet. Gerade das ruhige Atmen verstärkte diesen Eindruck besonders deutlich: Ich war dem Hier und Jetzt dann sozusagen fest verhaftet, fühlte seinen Reichtum und hatte es gar nicht nötig, dauernd von einem Gedanken zum anderen zu rasen. Es fühlte sich gut an, einfach zu sein und den Quadratmeter Boden, auf dem ich saß, als einen kleinen Kosmos zu betrachten, der mir jetzt genügte und mich mit ausreichend Energie, einem guten Körpergefühl und innerer Ruhe versorgte.

Wenn ich, geerdet durch solche Atemübungen und Gedankenbilder, aus der morgendlichen Zen-Übung wieder auftauchte, war das »Lied der Stille« besonders stark zu hören. Ich hatte meinen Kopf entleeren können und all meine Sorgen waren einer wohltuenden Ruhe gewichen, in die nun die ersten Tageseindrücke einströmen konnten: z. B. Geräusche aus dem Schloss, wo gerade das Frühstück vorbereitet wurde, menschliche Stimmen, die lauter werdenden Vögel, der das »Sesshin« beendende Gong und die ersten Meditierenden, die langsam aufstanden und die Halle verließen. Alles war zunächst einmal so, wie es war – und es war in diesem

Moment gut so, wie es war. Ich musste die so empfundene Realität nicht gleich wieder in Kategorien einteilen und alles nach meinen Sympathien und Antipathien bewerten. Das merkte ich auch an bestimmten Menschen, die mir beim Verlassen der Meditationshalle begegneten. Natürlich gab es angenehmere und unangenehmere, aber ich musste sie nicht gleich mit einem Etikett versehen, konnte einem »Feind« gelassener als sonst begegnen und musste mit einem »Freund« nicht gleich einen Morgenplausch beginnen. Es war eine »Stille« der Bewertungen eingetreten, in deren Klangraum sich die Dinge nach ihrem Eigenleben entfalten konnten, und ich wurde zu einem Gefäß, das eher beobachtete und zuhörte. Das war insofern wohltuend, als dadurch auch eine größere Ruhe einkehrte und weniger Konflikte mit mir und den anderen entstanden.

In späteren Jahren hörte ich mit den regelmäßigen Zen-Übungen auf und versuchte, den »Klang der Stille« in anderen Lebensbereichen und ohne eine übende Gemeinschaft weiterzuentwickeln. Während meiner Beschäftigung mit dem Werk Rudolf Steiners lernte ich, dass es auch westliche Meditationswege gibt, die sich stark etwa von den buddhistischen unterscheiden. Steiner plädiert zunächst einmal nicht dafür, den Kopf leerzuräumen und über den Atemrhythmus in einen besonderen Zustand zu gelangen. Er schlägt Konzentrationsübungen vor, bei denen man sich z. B. ein einzelnes Ding vorstellen und dann auf alle möglichen Gefahren assoziativer Abschweifungen achten soll.[14]

Fokussiere dich auf diesen Gegenstand, so war sein Rat, und lasse nur Bilder und Gedanken zu, die direkt mit ihm zu tun haben. Ich wählte bei einer Meditation den Begriff

»Stuhl« aus und versuchte mich mit geschlossenen Augen ganz auf seine vielfältigen Bedeutungsfelder zu konzentrieren. Zunächst ließ ich verschiedene Stühle vor meinem inneren Auge vorüberziehen und wählte mir dann einen ganz bestimmten aus: Ich tastete ihn gleichsam mit inneren Sinnesorganen ab, seine Form, sein Material, seine Farben, schob ihn an verschiedene Stellen des Raumes und setzte mich schließlich auf ihn, um zu spüren, wie sich das Sitzen anfühlte. Ich registrierte, wie anders es sich auf einem härteren Küchenstuhl saß als auf meinem Schreibtischstuhl oder dem bequemen Fernsehsessel. Ich stellte erstaunt fest, welche Fülle von Sinneseindrücken, Empfindungen und Gedanken allein von der Vorstellung »Stuhl« ausging, die ich behutsam in meinem Kopf hin- und herwendete. Genau das hatten wir ja in der Zen-Meditation vermeiden sollen, aber ich fühlte auch hier eine Befreiung von dem allzu wilden Assoziationsstrom, dem ich mich sonst gerne überließ. Da ich vom Sternzeichen her Zwilling bin, interessiere ich mich für sehr viele verschiedene Dinge und besitze manchmal nicht die Kraft, mich nur auf wenige zu beschränken. Das hat seine Vor- und Nachteile und kann nicht über Nacht verändert werden, aber Steiners Anleitungen halfen mir hier zu mehr Disziplin.

Bei den anthroposophischen Übungen soll man das Denken nicht – wie in der buddhistischen Meditation – abstellen oder herabdämpfen, sondern konzentrieren, um dessen eigenen Bewegungen zu folgen. Dabei erlebte ich, dass Denken nichts Abstraktes sein muss, sondern ein lebendiger imaginativer Vorgang sein kann, der uns hilft, nach und nach die Tiefendimensionen eines Gegenstandes aufzuschließen. Es kam mir plötzlich so vor, als ob das denkerische Umkreisen eines einzigen Objektes dieses öffnen konnte wie die Knospe einer Blume, aus der immer mehr Blütenblätter zu sprießen begannen. Nachdem ich mir die verschiedenen Stühle aus meiner Wohnung vorgestellt hatte, ihre Formen und das Sitzgefühl auf ihnen, ließ ich vorsichtige Erweiterungen zu.

Ich merkte, wie kulturabhängig die Idee des Sitzens auch war, und fand mich plötzlich in Japan wieder, wo es in vielen Häusern gar keine Stühle gibt. Man sitzt dort auf Matten oder Kissen, auf den Knien oder im Schneidersitz, was auch gesundheitliche Vorteile mit sich bringt. Ich spürte, wie anders Menschen in Asien und Afrika über das Sitzen denken, wie sie mehr den Kontakt zur Erde suchen, während bei uns im Westen nur Kinder und Haustiere auf dem Boden hocken dürfen. Ich sah auf einmal Frauen vor ihren Hütten mit nackten Füssen auf lehmigem Untergrund neben Hühnern und kleinen Kindern sitzen, wie ich sie während meiner Reisen durch Ägypten beobachtet hatte. Dann erschienen Bilder von Königen und Päpsten, die auf einem goldverzierten Thron Platz nahmen, um von oben herab zu einer Menschenmenge zu sprechen: Verschiedene Gesten von Demut und Herrschaft verbanden sich mit den Vorstellungen von »Stuhl« und »Sitzen« und ermöglichten mir Erkenntnisse, die ich vor der Meditation nicht gehabt hatte. Alle neu auftauchenden Einsichten waren in dem einen Begriff »Stuhl« enthalten, auf den ich mich jetzt schon mehrere Minuten konzentriert hatte; es war mir, als ob mein Geist in den Geist dieses Objektes eingetaucht sei und sich mit ihm verbunden hatte. Auch hierbei verspürte ich das »Lied der Stille«, weil alles so zwanglos und selbstverständlich vor sich ging. In meinem Kopf fand kein »Gedankenlärm« statt, sondern ein ruhiges und konzentriertes Vertiefen, ein Entfalten von großer Fülle anhand eines kleinen und beschränkten Bereiches, den man leicht als unbedeutend abtun könnte. Auch hier erlebte ich wieder eine Übung in Alltagsspiritualität, die aber ganz anders war als die physisch anstrengendere Zen-Übung im Lotussitz.

Ich ging auch andere anthroposophische Meditationen durch, stellte mir die Farben Rot und Grün vor und tauchte mit meinem imaginativen Denken tief in sie ein. Ich merkte, dass es nicht bloß Alltagsfarben waren, an denen man achtlos vorbeigeht, sondern pulsierende Kraftfelder, die mein Denken in jeweils ganz andere Richtungen lenkten: Rot erzeugte Bilder und Gefühle von Feuer, Blut, Gewalt und Leidenschaft, während Grün mich an ruhige Wiesen und blühende Pflanzen denken ließ. Ich nahm die Worte »Sonne« und »Mond« dazu und konzentrierte mich nur auf die Assoziationen, die direkt mit ihnen zu tun hatten. Ich spürte ihr goldenes bzw. silbernes Licht, Empfindungen von Wärme und Kälte, sah Landschaften im Sonnenglanz und solche im Vollmondlicht vor mir und erinnerte mich an Gedichtzeilen, die solche Stimmungen beschrieben. Rudolf Steiner schlug auch eine Übung vor, in der man sich ein Samenkorn neben einem gleich aussehenden kleinen Stein vorstellen soll.[15] Dabei könne man sich überlegen, wie in diesem Samen eine ganze Pflanze enthalten sei, und sie langsam vor dem inneren Auge aufbauen. Man werde dann sehen, dass in dem unscheinbaren Korn schon auf verborgene Art – als »Kraft der Pflanze« – dasjenige ruhe, was später aus ihm herauswachse. So könne man ein Gefühl dafür bekommen, dass im Sichtbaren etwas Unsichtbares enthalten sei, das ich mit der Fähigkeit meines Denkens entfalten könne. Man erlebe so auch, dass echtes Denken immer ein Miteinander von Gedankenbewegungen, Gefühlen und Bildern sei, nach und nach könne man sogar das Innere des Samenkornes »als eine Art Flamme« wahrnehmen, während in dem Kieselstein alles unbelebt bliebe. Diese Übung half mir, Prozesse des Wachstums und der Formentfaltung besser zu verstehen und mich so tiefer mit dem geheimnisvollen Leben der Natur zu verbinden.

Doch auch diese meditativen Praktiken übe ich momentan nur noch selten, aber ich spüre jetzt beim schreibenden Erinnern, wie wohltuend und inspirierend sie auf mich gewirkt haben. Die Beschäftigung mit ihnen hat mein Denken geschult und ich konnte diese Fähigkeiten auch bei meiner Arbeit als Filmemacher gut einsetzen. Um mit der Kamera ein gutes Bild zu komponieren, genügt es nicht, einen halbwegs interessanten Bildausschnitt zu wählen. Besser ist es, sich in das Innere des zu filmenden Objektes zu versetzen und zu versuchen, diesem erspürten »Innen« ein äußeres Bild zu verschaffen, etwa gemäß dem Ausspruch von Paul Klee, wonach der Maler eher nach Urbildern als nach Abbildern suche. Steiners Meditationsübungen hatten also auch mein Sehen verfeinert und mich noch mehr zu einem »Hindurchsehen« animiert, das noch tiefer in das Wesenhafte einer Erscheinung einzudringen versucht.

In meinem heutigen Alltag gibt es für mich ganz neue Herausforderungen, das »Lied der Stille« immer wieder erfolgreich in mein Leben zu integrieren, und diese haben u. a. auch mit der zunehmenden Digitalisierung der Welt zu tun. Einerseits bin ich als Filmemacher sehr dankbar für die Errungenschaften der Technik und verbringe viel Zeit mit Kameras, Bearbeitungsprogrammen und Recherchen im Internet. Ich könnte heute gar keine Filme mehr drehen, wenn ich noch mit den alten 35- oder 16-mm-Kameras und dem teuren Zelluloidmaterial arbeiten müsste; meine Karriere wäre dann bereits vor zwanzig Jahren zu Ende gewesen. Also arbeite ich viel am Computer, beim Verfassen von Büchern und Drehbüchern, beim Organisieren von Drehreisen, beim Schnitt, bei der Vertonung, der Korrespondenz und schaue also zahlreiche Stunden am Tag auf Bildschirme, Webseiten und digitale Bilder. Doch selbst wenn alles im Raum ruhig ist, kann ich das »Lied der Stille« nicht so in der Art empfinden, wie ich es bei den vorhin beschriebenen Meditationsübungen erlebt habe. Obwohl mein Computer sehr leise ist, bin ich auch hier einer ständigen latenten Reizüberflutung ausgesetzt: Ich werde auf andere Seiten verlinkt, die mich wiederum zu neuen Informationen führen, und ich bin auch zu neugierig, um nicht ab und zu in meine Mails oder auf meine Facebook-Seite zu schauen. Da wirkt vielleicht wieder das Sternzeichen »Zwilling« in mir, die Veranlagung, mich für vieles, manchmal fast für zu vieles zu interessieren. Trotz der Stille im Arbeitsraum ist es nie wirklich still, man drückt die Tasten, scrollt, klickt auf Links, beantwortet Nachrichten, sieht Videos an und googelt, um an interessante Informationen zu kommen. Am Bildschirm fühle ich mich manchmal fast körperlos, nichts von der Erdung ist da, die ich im Lotussitz beim Zen verspürt hatte; ich schwebe eher in einem Strudel von Wörtern, Bildern und Tönen, der mich mitreißt und auch oft die Zeit im Nu verfliegen lässt.

Daher habe ich es mir zur Gewohnheit gemacht, an manchen Nachmittagen immer eine Ruhephase des Lesens und Nachdenkens abseits des Computers einzulegen, wo ich dann das »Lied der Stille« wieder vernehmen kann. Gerne bei beginnender Dämmerung unter der Leselampe, die mich mit ihrem warmen, fokussierten Schein vor dem zerstreuten Lärm des Internets behütet und mir einen Atemraum verschafft, in dem sich meine Gedanken anders entfalten. Hier können dann Prozesse entstehen, die eher durch altmodische Worte wie »Grübeln«, »Sinnen«, »Träumen« und »Nachsinnen« bezeichnet werden, die auch Momente des Verweilens und Abschweifens zulassen, wie sie am Computer kaum möglich sind. Eine »analoge Stille« breitet sich dann aus, ein anderer Rhythmus, der mehr mit dem Wachstum von Pflanzen zu tun hat als mit dem Verlinken von Internetseiten. In dieser Situation schreibe ich gerne mit der Hand und die Skizzen auf dem Papier gruppieren sich dann wie zarte Wurzeln, die sich ausbreiten und miteinander verknüpfen, wobei auch das leise Geräusch des Stiftes zur Atmosphäre beiträgt. Ich habe dann das Gefühl, mehr bei mir zu sein, höre meinen Atem, spüre das Gewicht meiner Hände und Beine, fühle mich eingebettet in eine Wolke, aus der sich oft ohne mein Zutun Gedanken formen. Es ist dann eher so, dass etwas in mir denkt, ich scheine in diesen Momenten an ein »höheres Denken« angeschlossen zu sein, reagiere auf zarte Winke und fühle mich von etwas getragen, das über mein bewusstes Ich hinausgeht. Manchmal schaue ich dann zum Schreibtisch, wo dunkel der Monitor meines Computers aufragt, der jetzt wie tot wirkt, aber ich höre das Rauschen im Internetkabel, wo sich bereits Millionen von Bildern und Informationen stauen, um sich bald wieder auf den Bildschirm zu entladen. Aber das ausgeschaltete Display lässt mich noch in Ruhe, es wirkt jetzt wie das »Schwarze Quadrat« des Malers Kasimir Malewitsch, der von ihm sagte, es sei die »nackte Ikone« unserer Zeit.[16] Ich spüre, wie eine angenehme Leere von ihm ausgeht, und denke daran, dass auch der Mystiker Robert Fludd schon 1617 ein ganz ähnliches schwarzes Bild gemalt hatte, das den Beginn der Schöpfung aus dem Nichts illustrieren sollte. An seinen vier Ecken brachte er die Inschrift an: Et sic in infinitum (»Und so weiter bis in die Unendlichkeit«). Wenn ich über solche Dinge nachdenke, tönt in diesen Momenten auch aus meinem Computer das »Lied der Stille« und eine selbstvergessene Atmosphäre breitet sich in meinem Zimmer aus, in der die Zeit stillzustehen scheint. Dann entstehen oft die besten Ideen für meine Projekte und auch dieses Kapitel habe ich in einer solchen Stimmung geschrieben. In solchen Augenblicken glaube ich, in Kontakt mit den geheimsten Zellen meines Gehirns zu sein, mit den dunklen Labyrinthen meiner Innenwelt, in der sich Prozesse abspielen, über die mein Bewusstsein selten klare Auskunft geben kann, aber denen ich vielleicht mein Bestes verdanke.

DAS WUNDER DER INSPIRATION

Empfangen wir nicht in solchen Augenblicken auch das, was unsere Sprache mit schönen alten Begriffen wie »Eingebung« oder »Inspiration« benennt? Aber was meinen sie eigentlich? Schon oft in meinem Leben kam es mir so vor, als ob sich hinter diesen Phänomenen wahrhaft spirituelle Geheimnisse verbergen. Woher kommen die Inspirationen der Künstler, Erfinder, Wissenschaftler, aber auch die kostbaren Alltagsmomente, in denen wir plötzlich von guten Ideen heimgesucht werden? In dem Wort »Inspiration« steckt – wie bei dem Begriff »spiritus« – das lateinische »spirare«, was so viel wie »hineinhauchen« bedeutet. In der Antike war man sich sicher, dass eine Art göttlicher Wind oder Hauch in uns hineinfährt, wenn wir einen guten Einfall haben. Schon das Wort »Einfall« zeigt ja, dass da etwas in uns »hineinfällt«, dass wir auch beschenkt werden in schöpferischen Momenten, ähnlich wie das Wort »Eingebung«. Von wo fällt etwas in mich hinein und von wo wird mir etwas eingegeben? Von oben oder aus den Tiefen des Unbewussten? Wir würden heute in weniger spirituellen Zeiten eher Letzteres annehmen, aber im alten Griechenland sprach man noch von den »Musen« und »Genien« als Schutzgeistern, die einem hilfreiche Impulse zukommen lassen. Sokrates nannte die innere Stimme, die ihn zuweilen inspirierte, »daimonion« und bezeichnete damit eine gute Gottheit; erst das Christentum machte daraus den »Dämon«, eine Umdeutung ins Negative, die sich bis heute anstelle der antiken Interpretation gehalten hat. Interessant ist auch die Bedeutung des Wortes »Enthusiasmus«, das wir heute meist als Synonym für Leidenschaft gebrauchen: Das griechische »enthousiasmós« aber meinte noch eine göttliche Inbesitznahme, der Enthusiast war eine von Göttern besessene oder besetzte Person. Sokrates wandte das Wort auf die Inspirationsschübe an, die den Dichter plötzlich befallen können. Vielleicht reicht das deutsche Wort »Begeisterung« in seine Nähe: Wenn ich von etwas begeistert bin, ist mir auch, als würde ich heimgesucht von etwas, das größer ist als mein rationales Ego, und ich genieße in diesem Zustand auch die Fähigkeit, mich einer Sache ganz hingeben zu können.

Viele Dichter und Komponisten haben so empfunden, wenn ihnen bei der schöpferischen Arbeit gute Einfälle kamen. Der russische Lyriker Ossip Mandelstam etwa meinte, dass seine Verse bereits vor der Niederschrift existierten, Dichten sei ein »angestrengtes Einfangen und Zutagefördern von etwas Vorhandenem, dessen Ursprung unbekannt ist und das sich langsam in Worte umsetzt.«[17] Der Philosoph Friedrich Nietzsche glaubte, dass man im kreativen Moment eher höre als suche: »Man nimmt, man fragt nicht, wer da gibt, wie ein Blitz leuchtet ein Gedanke auf, ohne Zögern.«[18] Auch bei berühmten Musikern finden sich viele solcher Aussagen. Der amerikanische Geiger Arthur M. Abell hatte am Ende des 19. Jahrhunderts die Gelegenheit, mit Richard Strauss, Engelbert

Humperdinck, Johannes Brahms, Max Bruch und Edvard Grieg persönlich über ihre Empfindungen im Moment der Inspiration zu sprechen. Richard Strauss spürte »bestimmte Zwangsvisionen unter dem Einfluß einer höheren Macht«, ein Angeschlossensein an »die Quelle der unendlichen und ewigen Kraft, aus der (…) alle Dinge hervorgehen.« Während der Arbeit an seinen Opern »Rosenkavalier« und »Elektra« war es ihm, als diktierten ihm »zwei gänzlich verschiedene Wesenheiten« die Noten.[19] Ganz ähnlich erzählte Johannes Brahms, dass ihm Themen, Formen und Harmonien im Zustand der »Halbtrance« einströmten und zwar mit solcher Macht und Schnelligkeit, dass er nur wenige fassen konnte: »Ich war nie fähig, sie alle kurz zu notieren; sie kamen wie momentane Blitze und entschwanden schnell, wenn ich sie nicht auf Papier festhielt.«[20] Der Komponist Engelbert Humperdinck berichtete von seinen Gesprächen mit Richard Wagner, der überzeugt davon war, dass »allumfassende Ströme göttlicher Gedanken existieren, die überall im Äther schwingen, und dass jeder, der diese Schwingungen wahrnehmen kann, inspiriert wird, vorausgesetzt, er ist sich des Vorgangs bewusst und besitzt das Wissen und das Geschick, sie in überzeugender Weise darzustellen.« Wagner – so Humperdinck – habe behauptet, dass wir alle seit unserer Geburt mit solchen Kräften in Kontakt stünden, die aber durch die Umgebung und Erziehung in den Hintergrund gedrängt werden könnten.[21]

Kenne ich solche Momente auch in meiner kreativen Arbeit? Auch wenn ich als Agnostiker davor zurückscheue, in religiös getönter Weise darüber zu sprechen, gehören die schöpferischen Prozesse zu den geheimnisvollsten und undurch-

schaubarsten meines Lebens. Es beginnt ja immer mit sehr vereinzelten Ideen, die sich dann nach und nach zu einem Größeren zusammensetzen, aber ich habe nicht das Gefühl, dass hier Elemente einfach so zusammengesteckt werden. Warum fügt sich manchmal wie von selbst eins zum anderen, während man brillante Ideen oft unter Schmerzen verwerfen muss, weil sie nicht zu dem bereits Entstandenen passen? Was wächst da zusammen, wie entsteht aus einem winzigen Keim ein ganzer abendfüllender Film, der inhaltlich und ästhetisch stimmig ist und auch von den Zuschauern so erlebt wird? Was führt mich so sicher durch die Schreib-, Dreh- und Schnittphasen, woher weiß ich, wann der Film zu Ende ist und ob es ein überzeugender Schluss ist?

Auch wenn ich hier keinen »Gott« im Spiel sehe, wie christlich geprägte Künstler früherer Jahrhunderte, so habe ich doch manchmal das deutliche Gefühl des Geführtwerdens. Manchmal ist mir, als sähe ich die Umrisse des fertigen Filmes wie eine ausgearbeitete Form, die auf dem Boden eines Sees liegt und nur noch von mir heraufgeholt werden will. Ich schaue durch die Wasseroberfläche und erblicke nichts scharf und deutlich, aber die ganze Form ist bereits da; ich erahne sie eher, als dass ich sie mit den Augen wahrnehme, was mir ein Gefühl von Freude, aber auch Spannung gibt. Ich bin wie angeschlossen an etwas Größeres, das mich trägt und inspiriert, aber natürlich auch auffordert, ihm gerecht zu werden. Daraus resultiert die innere Spannung beim kreativen Akt, weshalb dieser nicht nur eine erfreuliche Angelegenheit ist: Es gibt unendlich viele Schwierigkeiten, Probleme, Hindernisse, vorübergehendes Stocken und Scheitern, gelegentlich schneidet man begeistert Passagen zusammen, die dann beim späteren Anschauen den eigenen

Ansprüchen nicht mehr genügen. Umgekehrt aber kann es auch passieren, dass man tatsächlich wie in der von Johannes Brahms beschriebenen »Halbtrance« eine Sequenz aufbaut, die vorher so nicht geplant war, und dann überrascht ist, wie gut sie geworden ist. Man stellt also nicht einfach nur Bilder, Texte und Töne zusammen, sodass es irgendwie gut aussieht, sondern die verborgene Vision eines Ganzen wacht immer über die richtige Komposition der Teile. Kurz vor dem Ende eines Filmes ist es am schlimmsten: Man ist nicht mehr so frei wie am Anfang, sondern der bereits gewordene Organismus sagt einem mit unerbittlicher Strenge, was noch geht und was nicht. Er wacht wie ein höheres Wesen darüber, dass man keine Fehler mehr macht. Lieber müssen ganze wunderbare Passagen, an denen man hängt, wegfallen, als dass die innere Stimmigkeit gefährdet werden darf. Man kann so etwas vielleicht »Formgefühl« nennen, aber das ist auch nur eine leere Worthülse, die im Grunde nichts richtig erklärt.

Der Bildhauer Joseph Beuys hat einmal in einem Gespräch von der Bedeutung der »Engel« bei seiner künstlerischen Arbeit gesprochen und schmunzelnd hinzugefügt, dass Engel für ihn »gute Kooperateure« und »richtig tüchtige Mitarbeiter« seien: »Da trivialisiert er die Sache den Wörtern nach«, so kommentierte sein damaliger Interviewpartner Volker Harlan diese Aussagen, »gleichzeitig manifestiert er sie, weil sie dadurch zugänglicher wird. Und wenn er so einen Satz hinknallt im Gespräch, lacht er oft danach eine richtige Lachsalve, wer das gehört hat, vergisst es nie wieder. Und dann nimmt er den Satz schrittweise zurück, damit das Überwältigende, was in dem Satz zunächst mal drin ist, nicht wirklich überwältigt, sondern annehmbar wird (…) Das ist eine bestimmte Form der Poetisierung des Umgangs dessen, worum es geht, die nichts zurücknimmt, aber es gleichzeitig in eine Form bringt, die rätselhaft bleibt, die nicht eindeutig ist (…), sondern die das ›offenbare Geheimnis‹ – wie Goethe sagt – zeigt und behütet.«[22]

Beuys schließt sich also der antiken Auffassung von höheren Wesen an, die im kreativen Akt mithelfen, von »Seherinnen« und »Sibyllen«, die er ja auch gemalt hat, von Musen, Genien und eben auch Engeln, aber er wählt eine zeitgemäße Ausdrucksform, damit es nicht zu metaphysisch wird. Ich kann das gelten lassen, aber würde in meinem Fall nicht unbedingt davon sprechen, dass mir »Engel« bei der Arbeit helfen. Was ich in jedem Fall spüre, ist, dass es so etwas wie ein Alltags-Ich gibt, das rational und planend vorgeht, und daneben oder darüber einen größeren und unkontrollierbareren Raum: vielleicht etwas, das der Psychologe C. G. Jung unser »Selbst« nannte. Aus dieser Sphäre scheint mir oft etwas Wertvolles für meine Arbeit zuzuströmen. Dieses »Selbst« kommt mir vom Umfang her umfassender vor als das kleinere Alltags-Ich – wie ein großer Kreis, der einen kleinen in sich fasst. Ob dieser große Kreis des »Selbst« wiederum in noch größere eingebunden ist und von ihnen inspiriert wird, kann ich nicht sagen. Aber es ist ein schönes Bild, das auch zum Ausdruck bringt, dass wir in unserer Endlichkeit vielleicht vorübergehend an einen Hauch von Unendlichkeit angeschlossen sein könnten. Eine solche Ahnung kann uns bescheiden machen und zumindest manchmal das Gefühl erzeugen, dass wir im kreativen Schöpfungsakt nicht ganz alleine sind, sondern eventuell auch den Zuspruch »guter Geister« empfangen. Auch wenn moderne Neurowissenschaftler solche Annahmen als rein metaphorische Erfindungen abtun würden, so zeigen solche alten Bilder doch, dass unser Bewusstsein aus verschiedenen Schichten besteht, die unserem Verstand nicht immer so einfach zugänglich sind. Es scheint hier einen Vordergrund und einen Hintergrund zu geben, deutlich sichtbare und kontrollierbare Phänomene, aber auch dunklere und geheimnisvollere Zonen, aus den manchmal überraschende Ideen hervorquellen. Die Metaphern von »Inspiration«, »Einfall« und »Eingebung« halten zumindest das Staunen über eine solche Tiefendimension unseres Geistes wach und ergänzen unser Gefühl des Stolzes auf eigene Leistungen um das der Dankbarkeit dafür, in bestimmten Momenten auch beschenkt worden zu sein.

MUSIK UND TRANSZENDENZ

Als ich dieses Buch zu konzipieren begann, war schnell klar, dass auch die Musik darin eine große Rolle spielen würde.

Seit meiner Kindheit gehört sie zu den wichtigsten Begleitern meines Lebens und ich verdanke ihr viele Momente, die man spirituell nennen könnte. Es sind nicht nur die großen geistlichen Werke der Klassik, die solche Erfahrungen ausgelöst haben, sondern Musik scheint mir von ihrem ganzen Wesen her auf Transzendenz hin angelegt zu sein. Viele Gründe sprechen dafür: Zum einen könnte man fragen, ob nicht unser Hörsinn der spirituellste unserer Sinne ist, da er immer sehr schnell die sichtbare Oberfläche zu einem dahinter verborgenen Geistig-Seelischen durchdringt. Er scheint regelrecht aufs Transzendieren hin angelegt zu sein und dies beginnt wohl bereits im Mutterleib. Bevor wir sehen, hören wir als Embryo bereits Rhythmen und Klänge, etwa den Herzschlag und die Stimme der Mutter, was der Philosoph Peter Sloterdijk einmal als »musique maternelle« bezeichnete.[23] Diese Töne aber nehmen wir nicht als physikalische Frequenzen wahr, sondern als Emotionen und Stimmungen, sie erzählen uns etwas über das Innenleben der Lebewesen und Dinge, das wir mit dem Ohr sofort wahrnehmen. Der Hörsinn dringt tiefer ein als etwa der Sehsinn: Wir vernehmen in den Geräuschen von Wasser, Luft und Feuer auch das Wesenhafte dieser Elemente, spüren beim Klang einer Glocke etwas vom Leben ihres Materials, je nachdem, ob sie aus Ton, Holz, Bronze, Eisen, Kupfer oder Silber gefertigt wurde. Dasselbe gilt für Tierlaute und menschliche Stimmen: Wenn wir das Bellen eines Hundes, das Miauen einer Katze, den Schrei eines Esels, den Gesang einer Nachtigall oder das Weinen eines Kindes vernehmen, dringt unser Hörsinn sofort ins Innere ein und verbindet sich mit den Empfindungen unseres Gegenübers.

Mit Sicherheit besaßen auch die Menschen der Urzeit diese Sensibilität im Hören, die sie ihre Umwelt wohl als einen durch und durch beseelten Raum erleben ließ. Vermutlich entstand Musik, als man mit ersten Klangkörpern Geräusche und Laute der Umwelt nachzuahmen begann: etwa mit Trommeln den Rhythmus galoppierender Pferde, mit Schwirrhölzern das Sausen des Windes und mit Flöten den Gesang der Vögel. Die ersten Musikinstrumente der Menschheit waren Flöten aus den Knochen von Gänsegeiern und Schwänen, die heute ein Alter von etwa 40.000 Jahren haben; sie wurden in Höhlen der Schwäbischen Alb gefunden und hatten wohl eine wichtige Funktion in religiösen Ritualen und Kultfeiern.[24] Die Bewohner Europas lebten damals in einem animistischen Weltbild, in dem die Grenze zwischen Kultur und Natur noch fließend gedacht wurde. Darauf weisen Tier-Mensch-Skulpturen wie der berühmte »Löwenmensch« hin sowie Felszeichnungen von schamanischen Ritualen, in denen sich Priester mittels Geweihmasken in gehörnte Tiere zu verwandeln suchten.[25] Flöten aus Vogelknochen oder Mam mutelfenbein dienten wohl einer spirituellen Annäherung an das Tier, aus dessen Material sie gefertigt wurden. Knochen waren für diese Menschen keine tote Materie, sondern ebenso beseelt wie die Tiere selbst und konnten durch entsprechende Behandlung zum »Singen« gebracht werden. In Ritualen verwandelten sich die Höhlen, in denen neben Flöten auch Schwirrhölzer und Wassertropfen zu hören waren, zu Theatern und Tempeln, in denen die Verschmelzung mit mächtigen Naturkräften gefeiert wurde. Über den Klang und die sich im Fackelschein bewegenden Felsbilder tauchte man in einen gemeinsamen Seelenraum ein, in dem man mit den Tieren kommunizierte; dabei bewunderte man sie etwa für besondere Fähigkeiten oder dankte ihnen, dass sie Nahrung zum Überleben gespendet hatten.

Wenn ich heute auf meiner Querflöte einen langgezogenen Ton spiele, kommen mir solche Gedanken erst einmal nicht in den Sinn. Aber ich staune immer wieder darüber, wie aus einem mit Löchern versehenen Metallrohr solche Klänge kommen können, wenn ich es nur richtig anblase. Ich spüre beim Spielen die Schwingungen von Kupfer, Zink, Nickel und Silber in meinen Fingern und kann aus deren Eigenschaften allein den Zauber des Tons nicht ableiten. Auch hier finde ich schon eine Ebene des Transzendierens vor: Aus der stofflichen Ebene von Metall und Luft tauchen neue klangliche und emotionale Qualitäten auf, die nicht aus der reinen Materialität des Instrumentes zu erklären sind. Eine weitere Ebene ergibt sich aus dem Nachdenken darüber, was eigentlich ein solcher Flötenton ist: Wo ist überhaupt sein Ort? Kann ich ihn lokalisieren und irgendwo festmachen? Wenn ich beim Üben die Fenster geöffnet habe, klingt meine Flöte weit über den Hof hinaus bis in die Wohnungen anderer Mieter, die mir beim Spielen zuhören können. Wo befindet sich jetzt der Ton: in der Flöte, wo er durch die Schwingungen der Luftsäule erzeugt wurde, um die Flöte herum, in meinem Gehirn, im Hof oder in den Ohren der 50 Meter weit entfernten Nachbarn? Man müsste gerechterweise sagen, dass er überall ist und man ihn nicht genau an einem Ort lokalisieren kann. Aus dem räumlich umgrenzten Feld, das die Tonschwingungen erzeugt hat, ist eine geräumige Klangwolke geworden, die sich sehr weit ausbreiten kann. Ich betrete mit meinem Flötenspiel einen anderen, scheinbar immateriellen Raum: eine Sphäre, in der keine Dinge, Worte oder Begriffe existieren und keine Maßeinheiten zur Bestimmung von Länge, Breite und Gewicht. Auch die herkömmliche Subjekt-Objekt-Trennung ist aufgehoben, denn ich stehe dem Ton nicht wie einem Gegenstand gegenüber, da er mich durchdringt und umhüllt. Beim Erzeugen von Rhythmen, Tönen und Klängen bewege ich mich in einer unsichtbaren Sphäre, die nicht mit herkömmlichen Kategorien vermessen werden kann; in ihr herrscht ein ganz anderes Koordinatensystem als in der normalen physischen Welt, das dennoch von Musikern erspürt und gestaltet werden kann. Bei jeder Aufführung findet also ein Überschreiten unserer alltäglichen Erfahrungsräume statt, auch eine Art Entgrenzung, weil wir dabei die festen Umrisse unseres Ichs ausdehnen zu Empfindungen von Trance, Ekstase, Rausch und Meditation. Das ist beim Hören eines gregorianischen Gesanges in einem Kloster genauso wie bei einer Rave-Party, wo Tausende von Menschen in einem kollektiven Tanzritual miteinander verschmelzen. Es gibt eine tiefe Verbindung von Musik und Kult, Klang und Transzendenz, die bis in früheste Epochen der Menschheit zurückreicht.

Wenn ich auf meiner Querflöte Klassik, Rock, Jazz oder auch meditative Töne spiele, erlebe ich solche Erfahrungen in einem höheren Raum auf unterschiedlichste Weise. Schon wenn ich ein Stück für Soloflöte einübe, wird mir der ganze spirituelle Zauber der Musik bewusst, etwa bei der Komposition »Syrinx« von Claude Debussy, die mich in die animistische Welt der Höhlenmaler zurückversetzen kann. Syrinx war nach der Erzählung von Ovid eine in Gewässern lebende Nymphe, die die Liebeswerbungen des bocksfüßigen Hirtengottes Pan zurückwies und daher von ihm verfolgt wurde. Als sie an einen Fluss kam, der ihre weitere Flucht verhinderte, bat sie die Wellen, sie in ein Schilfrohr zu verwandeln. Irritiert streifte Pan an den Halmen vorbei, die im Wind zu klingen begannen, worauf er sich eine Flöte daraus baute und fortan in wehmütigen Liedern Ersatz für die entschwundene Nymphe zu finden suchte.[26]

Debussy komponierte das Stück als eine einzige Ode an den Atem, der in weitgeschwungenen Bogen zunächst einzelne Töne umkreist, man könnte auch sagen liebkost, um sich dann zu höheren Kurven der Erregung aufzuschwingen, die am Ende wieder in sich zusammenfallen: eine meisterhafte Vertonung des Mythos, in dem ja auch Pan keine echte Erfüllung mit einer realen Geliebten findet. Wurde hier nicht eigentlich auch eine animistische Erfahrung komponiert, die Wiedererweckung einer Nymphe aus einem Schilfrohr, die Befreiung ihrer darin verzauberten erotischen Energie durch ein Musikinstrument? Der Flötenspieler kommuniziert in solchen Momenten nicht nur mit dem Naturwesen, sondern auch mit dem Röhricht am Fluss, in dessen tönenden Halmen bereits eine ganze Musik angelegt ist, die nur darauf wartet, herausgelöst zu werden.

Dass solche animistischen Erfahrungen in der Erzeugung von Klängen mitschwingen können, erfuhr ich beim Besuch eines Musikers, der meisterhaft die japanische Bambusflöte Shakuhachi zu spielen verstand. Dieses Instrument wurde im 17. Jahrhundert vor allem zur Zen-Meditation verwendet und zeichnet sich durch einen weichen, aber geräuschhaften Klang aus. Als der Flötist zu spielen begann, musste ich an den Schilfhain denken, der wohl die alten Griechen zu dem Mythos der »Syrinx« inspiriert hatte. Dies war eine ganz andere Musik als die bei allem mythischen Hintergrund doch sehr europäische Komposition von Debussy: rauer und näher an den Naturlauten, fast schon wie das Atmen und Stöhnen des Windes, der durch den Schilfhain fährt. Ich erkannte keine Melodie im herkömmlichen Sinn, dafür aber ein Meer von Klangfarben und Obertönen, die aus dem etwa 50 cm langen Bambusrohr herausquollen. Es war eher so, als ob ein einziger Ton, besser gesagt Laut, ständig umkreist wurde, als ob der Spieler alle Facetten aus diesem einzelnen Klang befreien wollte, die in ihm schlummerten. Ich spürte eine starke Tendenz zur Vereinfachung und Konzentration, fernab von allen virtuosen Figuren, mit denen westliche Flötisten so gerne brillieren. Es war eher eine Meditation als das Abspielen von Noten, ein Sich-Besinnen auch auf Stille, Leere, eine tastende Suche nach Fülle innerhalb äußerster Reduziertheit, bei der die Natur als Vorbild deutlich spürbar wurde. Es gibt also viele Beziehungsmöglichkeiten zwischen Musik und Transzendenz, die auch stark von der jeweiligen Kultur abhängen. Eine japanische Shakuhachi-Musik stellt eine andere Verbindung zum Sakralen her als die Panflöten der Andenvölker, die indische Sitarmusik eine andere als ein entfesselter Trommeltanz bei einem afrikanischen Vodoo-Ritual. Und auch die europäische Musik kennt viele Formen musikalischer Transzendenz: Hildegard von Bingen, Bach, Haydn, Beethoven, Schubert, Mahler oder Sibelius ermöglichen jeweils ganz andere Formen spiritueller Erfahrung, die kaum auf einen Nenner zu bringen sind. In diesem Kapitel versuche ich zu beschreiben, was sie in mir bewirken und wie sie meinen Alltag bereichert haben.

Das spirituelle Erleben von Natur, das ich in den Shakuhachi-Klängen erfahren habe, gibt es auch in europäischer Musik, wenn auch auf andere Weise. Viele große Komponisten waren fasziniert vom vielfältigen Leben der Natur und haben versucht, es in ihre Tonsprache zu übersetzen. Ein frühes Beispiel dafür ist etwa das Oratorium »Die Schöpfung« von Josef Haydn, das die Erschaffung der Welt in sechs Tagen darzustellen versucht. Dabei hat man es, wie bei allen großen Komponisten, nicht nur mit Tonmalerei zu tun. Haydn versucht eher, das Erhabene, Mysteriöse und Bewundernswerte der Evolution in Töne zu fassen, also etwas, das zwischen den Zeilen und jenseits der Begriffe liegt. Wenn der Chor am Anfang leise die Finsternis vor aller Schöpfung besingt und nach dem Satz »Und es ward Licht« plötzlich ein gewaltiges C-Dur-Fortissimo im Orchester erklingt, komponiert Haydn weniger Licht als solches, als das Strahlende und Majestätische dieses Phänomens, mit dem in der Evolution ein neuer Schritt begann. Haydn wusste damals noch nicht, dass der sogenannte »Urknall« dunkel und tonlos stattgefunden hat und dass die Photonen erst rund 380.000 Jahre danach Licht ins Weltall brachten. Aber seine Komposition der Lichtwerdung – obwohl auf der Bibel und nicht auf physikalischen Erkenntnissen beruhend – hat seine Wirkung bis heute, weil sie das Numinose des Lichtes beschreibt, das uns immer noch in seinen Bann zieht. Als bei der Premiere von Haydns Oratorium die Klangexplosion bei den Worten »Und es ward Licht« erklang, wirkte sie so mächtig auf die Zuhörer, dass das Orchester einige Minuten lang pausieren musste, bis sich der Saal wieder beruhigt hatte. Das Werk schenkte den Menschen eine Transzendenzerfahrung, indem es ein Erleben gewaltiger kosmischer Kräfte möglich machte, das heute noch ähnlich intensiv ist wie vor 220 Jahren.[27] Immer noch scheint das Licht, trotz aller wissenschaftlicher Erklärungen, ein mysteriöses Phänomen zu sein und jeder intensiv erlebte Sonnenaufgang kann zu einem tief existenziellen Erlebnis werden.

Ich selbst habe so etwas einmal frühmorgens in den Alpen auf eindringliche Weise erlebt: In der vollkommenen Stille vor einer Berghütte sahen wir, wie sich langsam der rote Sonnenball über die noch dunklen Berghänge erhob und die Dämmerung langsam aufzuhellen begann. Gebannt schauten wir dem Spektakel zu, keiner von uns sprach ein Wort, bis einer die treffende Formulierung fand und sagte: »Genauso wird es hier auch vor Millionen von Jahren gewesen sein.« Und in der Tat erlebten wir einen Moment von absoluter Zeitlosigkeit, in dem sich ein durch alle Epochen hindurch gültiges Urbild zeigte: der wie eine Erlösung wirkende Aufgang von Licht und Transparenz aus Chaos und Dunkelheit, das Aufkeimen von Gestaltkräften aus amorphen Zonen, das Erstarken von Hoffnung und Aktivität nach eher bewusstlosen Zuständen in der Nacht. Einen ähnlichen Glanz wie dem Licht verleiht Haydns Musik dem Entstehen der Elemente, die für uns beim Hören zu mehr als bloß materiellen Substanzen werden. Anschaulich spricht der Text von »feurigen Blitzen«, »leichtem flockigen Schnee« und »allerquickendem Regen«, sodass man diese Naturphänomene fast physisch spüren kann. Das Gleiche empfindet man bei der Entstehung der Vegetation, die als ein von schöpferischen Kräften durchseelter Prozess beschrieben wird. Bei Haydns Schilderung der aus der Erde sprießenden Kräuter und Pflanzen musste ich an den Begriff »heilige Grünkraft« denken, wie er bei Hildegard von Bingen auftaucht.[28] Die Mystikerin aus dem 11. Jahrhundert hat übrigens den Begriff »heilig« im Zusammenhang mit Begriffen wie »heil« und »heilen« verstanden. Die fließende Tonkunst von Haydns »Schöpfung« versteht es, die belebenden Qualitäten von Düften, Heil- und Wachstumskräften in Klänge zu übersetzen und einem so das innige Wesen der Pflanzenwelt nahezubringen. Durch die Erwähnung der Heilkräuter ergibt sich auch eine Anknüpfung an vorchristlich-naturreligiöse Auffassungen, die so in der Bibel nicht vorkommen. Ähnlich berührend sind die Passagen über Sonne und Mond, die in ihren besonderen Lichtqualitäten herausgearbeitet werden: Man sieht keine toten Himmelskörper vor sich, sondern lebendige Wesen, deren Ausstrahlung nicht nur auf einer physikalischen Ebene stattfindet. Das gilt auch für die aus den Hügeln hervorquellenden Wasserströme sowie für die Vögel oder die »das kalte Nass durchblitzenden« Fische. Man hat den Eindruck, als ob Haydns Musik nicht nur unser Mitempfinden für diese Phänomene schärft, sondern auch die Kraft unseres Sehens. Durch die Klänge hindurch schaut man auf eine tiefere Wesensschicht von Bächen, Vögeln oder Fischen, in der sich etwas von deren geistig-seelischer Aura auftut. Während die Bibel die Erschaffung der Vögel nur mit einem einzigen Satz erwähnt, kommt ihnen bei Haydn jeweils eine ganze Arie zu, in der die ganz eigene Schönheit von Adler, Lerche, Taube und Nachtigall besungen wird. Man denkt an Zeilen von Hölderlin, der die Vögel als »des Äthers Lieblinge« beschrieb, die vergnügt »in der ewigen Halle des Vaters« wohnen, wo genug Raum für alle ist.[29] Dasselbe gilt für andere Tiere wie Löwen, Hirsche, Tiger, Pferde, Würmer oder Insekten. Wenn es in der »Schöpfung« zu der berühmten Stelle kommt, wo Gott Mann und Frau den Lebensatem einhaucht, so ist dies nichts Besonderes mehr, da vorher auch schon die anderen Geschöpfe mit »Odem« beseelt wurden. Im Gegensatz zur Genesis fehlt in der »Schöpfung« die strenge Hierarchisierung des Lebendigen, Haydn lässt auch die Bibelstelle weg, wonach der Mensch sich die Pflanzen und Tiere untertan machen solle. Oft dachte ich beim Hören dieser Musik, wie sinnvoll es sein könnte, Kinder auch auf diese Art mit dem Wunder des Lebens bekannt zu machen, statt sie nur mit biologischen Fakten zu belehren, die keinen Weg zu ihrem Innenleben finden. Man kann ja durchaus die Evolutionstheorie zur Kenntnis nehmen, aber Haydns »Schöpfung« erzeugt zusätzlich das Gefühl, in einem prächtigen sinnerfüllten Ganzen zu wohnen, wie es das griechische Wort »Kosmos« noch ausdrückte, das neben »Ordnung« auch »Schmuck« und »Glanz« bedeutet.

Ludwig van Beethoven versuchte Ähnliches gut zehn Jahre später in seiner sechsten Symphonie, der »Pastorale«, die auch eher Energien hinter den Kulissen der Natur spürbar macht, als bloße Tonmalerei zu betreiben. Beethoven, bereits ein Kind der Aufklärung, suchte Gott nicht mehr in der Kirche, sondern draußen in der Natur, die für ihn ein »Tempel« war, in dem er Erholung und Inspiration suchte. Für ihn bestand die Schöpfung nicht aus dem »ohngefähren Zusammenlaut der Atome«, sondern er vermutete hinter ihren Strukturen die »Wirkung der höchsten Weisheit«.[30] In dem mit wilden Anstreichungen versehenen Buch »Betrachtungen der Werke Gottes im Reiche der Natur«, das Beethoven besaß und das ich in der Berliner Staatsbibliothek einsehen durfte, wird die pantheistische Spiritualität des Komponisten mit Händen greifbar. Entzückt muss Beethoven die dortigen Beschreibungen der Wunderwelten von Mineralien, Bäumen, Pflanzen und Tieren gelesen haben, in denen er Chiffren für eine höhere kosmische Intelligenz sah. Der Autor dieses Buches, der Theologe Christoph Christian Sturm, beschreibt in präziser und dennoch beseelter Form verschiedene staunenerregende Phänomene des Naturreiches: etwa unterschiedliche Sandkörner unter dem Vergrößerungsglas, von denen keines dem anderen gleicht, die Ordnung eines Bienenstockes, in dem eine »kleine Künstlerin« tätig ist, sowie das Wunder des Nachtigallengesanges, das auf eine »schöne Seele« in einem unscheinbaren Körper schließen lässt.[31] Sturm wollte sein Buch verstanden wissen als eine »Ermunterung, Gott in der Natur zu suchen«, was Beethoven besonders dick angestrichen hat.[32] Hört man vor diesem Hintergrund die »Pastorale« neu, so hält man sich nicht länger bei plakativen Satzüberschriften wie »Szene am Bach« oder »Donner, Sturm« auf, sondern hört eine musikalische Verehrung für das rational nicht Auslotbare der Schöpfung als Ganzes. Beethoven komponiert eher unsere Gefühle beim Erleben von Landschaften, Tieren und Pflanzen, als dass er konkrete Oberflächenphänomene schildert. So versucht er etwa das gedehnte Zeitempfinden zu beschreiben, das wir draußen in der freien Natur haben: Mehr als andere seiner Symphonien lässt die »Pastorale« Momente des Innehaltens und Ausatmens zu, in denen wir – anders als in der Großstadt – ruhig und kontemplativ werden können. Aber wenn es zum Gewitter kommt, verweist Beethovens vorher so nie gehörte Donnermusik auch auf die dämonischen Aspekte der Natur, die hinter jeder Idylle lauern. Wie Haydns »Schöpfung« verdeutlicht auch diese Musik unsere Eingebundenheit in größere Zusammenhänge, die wir letztlich nicht vollkommen durchdringen können, sondern als transzendenten Hintergrund einfach so stehen lassen müssen.

Ähnliche Hörerfahrungen habe ich auch beim Kunstlied der deutschen Romantik gemacht, das die naturverbundene Spiritualität dieser Epoche wie in funkelnden Miniaturen aufblitzen lässt. Liedtitel von Franz Schubert wie »Gott in der Natur«, »Gott im Frühling« oder »Gott im Ungewitter« weisen darauf hin, ebenso die vielen Frühlingslieder dieser Zeit, die die nach der Winterstarre wieder aufkeimende Natur besingen. Die Meisterschaft eines Robert Schumann oder Franz Schubert öffnet die Liedtexte zu Erfahrungsebenen, die das Wort nicht auszudrücken vermag. Ein diesbezüglicher Höhepunkt ist etwa Schumanns Vertonung des Gedichtes »Mondnacht« von Joseph von Eichendorff, wo mit innigen Klangfarben eine Frühlingsnacht hingezaubert wird, während Himmel und Erde in einem Liebesakt miteinander verschmelzen. Der »Blütenschimmer« der emporkeimenden Pflanzenwelt wird als der Liebestraum der Erde beschrieben, die von der näher rückenden Sonne wie in einer »heiligen Hochzeit« befruchtet wird: eine Anspielung auf ältere naturreligiöse Deutungen des Maianfangs, wie sie sich etwa im Mythos der Walpurgisnacht erhalten haben. In diesem Lied sensibilisiert Schumann den Zuhörer für feinste Farben und Geräusche, ja sogar für den Windhauch, der leise durch die Ährenfelder dieser sternklaren Nacht wogt. Zu tropfenförmig dahinschwebenden Klaviertönen kann sich die Seele in der Schlussstrophe endlich erheben und »durch die stillen Lande« fliegen, »als flöge sie nach Haus«. Erst im Moment der Verschmelzung mit der Natur kommt der Mensch ganz zu sich selbst: Nach der Überzeugung der Romantiker sind wir erst dann zu Hause, wenn wir nicht nur unsere rationalen, sondern auch unsere emotionalen und spirituellen Fähigkeiten entwickelt haben, was im Raum der Natur besonders gut möglich ist.

Doch eine musikalische Transzendenzerfahrung kann auch in Bereiche des Dunklen und Unheimlichen führen, wie etwa in der grandiosen »Alpensinfonie« von Richard Strauss, die nicht nur durch angenehme Erfahrungen inspiriert wurde. Strauss war einmal als Vierzehnjähriger bei einer Bergtour in ein Gewitter geraten und irrte zwölf Stunden lang bei Regen und Sturm herum, bis er endlich den Weg nach Hause fand. Er hatte dabei das erlebt, was der Religionswissenschaftler Rudolf Otto das »mysterium tremendum et fascinans« nannte: das gleichzeitige Erschauern und die Faszination angesichts der Elementarkräfte der Natur.[33] Die Kapitelüberschriften der »Alpensinfonie« beschreiben verschiedene solcher Erlebnisse, sie schildern etwa die Nacht, den Sonnenaufgang, den Eintritt in einen Wald, Irrwege durch Dickicht und Gestrüpp, die Begegnung mit einer »Erscheinung«, die Stille vor dem Sturm und das Heraufziehen des Gewitters. Was wird in solchen Momenten hinter der sinnlichen Oberfläche der Natur erfahrbar? Ihre Ambivalenz, die sie sowohl schaffen als auch zerstören lässt? Ihre Launen, ihre Gleichgültigkeit gegenüber dem Menschen, ihre Unergründlichkeit, die wir niemals mit unseren beschränkten Möglichkeiten ausmessen werden? Vielleicht hat Gustav Mahler so etwas zu erfassen versucht, als er seine Dritte Symphonie ursprünglich »Pan. Symphonische Dichtungen« nannte. Der bocksfüßige Hirtengott Pan galt in der Antike als ein Wesen mit vielen widersprüchlichen Eigenschaften: Er hatte Freude an Musik und Tanz, galt aber auch als wilder Gott der Wollust und Ekstase, der in die Herden der Hirten fahren konnte, die dann in »panischem Entsetzen« die Steilhänge herabstürzten. Das Wort »Panik« wurde von seinem Namen abgeleitet. Noch im Autograf lauteten die Satzüberschriften von Mahlers Dritter Symphonie »Pan erwacht«, »Was mir die Blumen auf der Wiese erzählen«, »Was mir die Tiere im Wald erzählen«, »Was mir der Mensch erzählt«, »Was mir die Engel erzählen« und »Was mir die Liebe erzählt«.[34] Natürlich wollte der Komponist keine konkreten Blumen oder Tiere beschreiben, sondern eine energetische Lebenskraft, die sich durch die Stufenreihen von Steinen, Pflanzen, Tieren und Menschen bis zu übersinnlichen Wesenheiten hinaufentwickelt. Der Name des antiken Gottes Pan ist dabei wohl eine Metapher für das auch Dunkle, Unbekannte, rational nicht Erfassbare dieser Kraft, von der wir ja nur die Außenseite sehen: »Meine Symphonie wird etwas sein, was die Welt noch nicht gehört hat!«, schrieb Mahler in einem Brief: »Die ganze Natur bekommt darin eine Stimme und erzählt so tief Geheimes, das man vielleicht im Traume ahnt! Ich sag Dir, mir ist manchmal selbst unheimlich zumute bei manchen Stellen, und es kommt mir vor, als ob ich das gar nicht gemacht hätte (…) Mich berührt es ja immer seltsam, dass die meisten, wenn sie von Natur sprechen, nur immer an Blumen, Vöglein, Waldesluft etc. denken. Den Gott Dionysos, den großen Pan kennt niemand. So: da haben Sie schon eine Art Programm – d. h. eine Probe, wie ich Musik mache. Sie ist immer und überall nur Naturlaut!«[35]

Diesen Zeilen hätte wohl auch der finnische Komponist Jean Sibelius zugestimmt, der sich seine Inspirationen in der Natur seiner Heimat und bei der Lektüre nordischer Mythologie holte. Vor allem die Sagensammlung der Kalevala inspirierte ihn zu zahlreichen Kompositionen, etwa zu der »Lemminkäinen-Suite«, in der ein Held Abenteuer mit dämonischen Waldgeistern bestehen muss und dabei zerstückelt und wieder neu zusammengesetzt wird. Unterwegs trifft er auch auf einen mystischen Schwan, der um die Toteninsel Tuonela kreist und mit seinem dunklen Gesang die Seelen der Verstorbenen anzieht. Als Kind fand ich im Schallplattenschrank meines Vaters eine Aufnahme, auf der sich auch Sibelius' Tondichtung »Der Schwan von Tuonela« befand, und ich weiß noch, wie mich bereits der Titel magisch anzog. Immer wieder legte ich die Platte auf und berauschte mich an den dunklen Klängen des Englischhorns, die wie aus einer anderen Welt zu kommen schienen. Schon damals spürte ich, dass es viele Welten zu entdecken gibt, von denen im gut behüteten bürgerlichen Heim meiner Eltern nie gesprochen wurde. Musikstücke wie dieses wurden zu einem Tor in spirituelle Bereiche, wie auch Sibelius' sinfonische Dichtung »Tapiola«, eine Huldigung an den finnischen Waldgott Tapio, der der Komponist die Zeilen voranstellte:

> »Da dehnen sich des Nordlands düstre Wälder
> Uralt-geheimnisvoll in wilden Träumen;
> In ihnen wohnt der Wälder großer Gott,
> Waldgeister weben heimlich in dem Dunkel.«[36]

Wir haben über viele Formen von »Musik und Transzendenz« gesprochen, aber eine entscheidende steht noch aus. Welchen »Gott« besingt die große christlich geprägte Musik des Abendlandes und welche Erfahrungen habe ich mit ihr gemacht? Ich liebe die Werke von Orlando di Lasso, Palestrina, William Byrd, Bruckner oder Arvo Pärt, aber ich will mich hier nur auf einen Komponisten konzentrieren, der mir die tiefsten spirituellen Musikerlebnisse ermöglicht hat: Johann Sebastian Bach. Bis heute ist dieser Name für mich geheimnisumwoben und erzeugt Gefühle von großem Respekt und Bewunderung. Während Komponisten wie Haydn, Mozart, Beethoven, Schubert, Brahms oder Wagner für mich relativ transparent sind, ist Bach von einer Aura des Unergründlichen umgeben, die ich auch während jahrzehntelanger Beschäftigung mit ihm nicht aufhellen konnte. Das hängt auch damit zusammen, dass er so gut wie keine Auskunft über die Inspirationsquellen seiner Musik gegeben hat. Es bleibt letztlich völlig im Dunklen, wie dieser kleine stämmige und unscheinbare Mann aus Thüringen so viele zeitlose Meisterwerke schaffen konnte, die bis heute die ganze Welt berühren. Obwohl Bachs Musik tief in christlichen Glaubenswelten verankert ist, erreicht sie auch Menschen aus ganz anderen

Kulturkreisen, die durch sie in eine spirituelle Sphäre versetzt werden, die vordergründig gar nichts mit dem Gott der Bibel tun haben muss. So geht es auch mir: Ich bin längst aus der Kirche ausgetreten, aber beim Hören von Bach werde ich in ein christliches Kraftfeld hineingezogen, das alle atheistischen Zweifel für die Dauer des Hörerlebnisses hinwegfegt und mich irgendwie doch für den darin angerufenen Gott öffnet. Das scheint auch anderen so zu gehen: Goethe war beim Hören von Bachs Musik zumute, »als wenn die ewige Harmonie sich mit sich selbst unterhielte, wie sich's etwa in Gottes Busen, kurz vor der Weltschöpfung, möchte zugetragen haben«[37], der Cellist Mischa Maisky nannte Bachs Cellosonaten seine »Bibel« und das »Wohltemperierte Klavier« wurde oft das »Alte Testament jedes Klavierspielers« genannt. Der rumänische Philosoph Emil Cioran schrieb: »Wenn wir Bach hören, sehen wir Gott aufkeimen, sein Werk ist gottgebärend. Nach einem Oratorium, einer Kantate oder einer Passion muss er existieren. (…) Wenn man bedenkt, dass so viele Theologen und Philosophen Tage und Nächte damit verloren haben, nach Gottesbeweisen zu suchen, und den eigentlichen vergessen haben …«[38]

Ähnlich geht es auch mir: Während ich Bach höre, verliert die Frage, ob der von ihm besungene Gott existiert, jede Bedeutung und ich bin von Gefühlen der Hingabe erfüllt, die mein sonstiger kritischer Verstand kaum zulassen kann. Das geschieht auch bei Texten, die mich ohne die Musik in ihrer moralischen und manchmal auch selbstquälerischen Diktion befremden würden, etwa wenn vom freudigen Tragen des »Kreuzstabes«, vom »Teufel«, von »verruchten Sünden« oder vom »vergnügten Sterben« die Rede ist. Aber die unvergleichlichen Klänge des Thomaskantors verwandeln diese heute anachronistisch wirkenden Begriffe, weichen sie von innen auf, machen sie zu poetischen Metaphern, die man mit eigenen Erlebnissen füllen kann. So wird am Beginn meiner Lieblingskantate zwei Minuten lang nur der Satz gesungen: »Widerstehe doch der Sünde, sonst ergreifet dich ihr Gift«, ein fast manisches Wiederholen derselben Warnung vor dem »Sündhaften«, die einem in unserer liberalen Zeit erst mal merkwürdig erscheint. Doch das innige Dahinströmen der Musik verhindert, dass die Botschaft moralisch rigide oder gar vorwurfsvoll herüberkommt. Die Arie wirkt – vor allem, wenn sie von der hohen Stimme eines Countertenors gesungen wird – eher wie eine rührende Bitte, sich vor ganz bestimmten Verführungen zu hüten. Wenn ich sie höre, bleibe ich nicht an der altertümlichen Sprache hängen, sondern beginne darüber nachzudenken, in welcher Form diese Aussage heute immer noch gilt. Mir fällt dann z. B. unsere Gier ein, immer mehr haben zu wollen, das »Gift« von Maßlosigkeit, Verschwendungssucht und Herrschaftswahn, mit dem wir die Welt und auch uns selbst immer mehr zerstören. In dem Satz »Widerstehe doch der Sünde« höre ich dann keine moralinsaure Warnung vor zu viel sexueller Freizügigkeit, sondern einen Hinweis auf die in uns angelegte Hybris und eine Ermahnung zu mehr Demut und Sensibilität. Unsere Nachrichten sind voll von erschreckenden Meldungen über den Machtmissbrauch von Menschen, die damit anderen großen Schaden zufügen. Egal ob sexuell misshandelte Kinder zu den Opfern gehören oder Frauen in der MeToo-Debatte, ob Minderheiten diskriminiert werden oder ganze Wälder und viele Tierarten unwiederbringlich verschwinden: Dieses zerstörerische Verhalten kann durchaus auch als »Sünde« und

»Gift« bezeichnet werden, wodurch die antiquierten Worte einen neuen Sinn bekommen. Der Philosoph Hans Blumenberg hat diese Bedeutungserweiterung durch Musik die »theologische Großzügigkeit« Bachs genannt und zu Recht darauf hingewiesen, dass dieser nie missioniert.[39] Auch wenn uns Kantaten und Passionen dazu einladen, »Gott« oder »Jesus« in unser Herz zu lassen, um dieser Sündenhaftigkeit zu entgehen, kommt das nie belehrend oder mit Zwang daher. Wenn die Sopranstimme in der Arie »Öffne dich« uns bittet, zur »Wohnung« für Jesus Christus zu werden, verwandeln sich auch hier die Worte zu Bildern, die jeder für sich selbst beleben kann. Der innige Ton der Frauenstimme und die Süße der Melodie bewirken an sich schon eine Herzöffnung, sie laden uns ein, weit und offen für andere Kräfte als jene von Egoismus und Selbstüberschätzung zu werden.

»Soli Deo Gloria« schrieb Bach über seine Kompositionen, seine Musik – so heißt es in einem seiner raren Briefe – sei »nur zu Gottes Ehre und Recreation des Gemüths« geschaffen worden. Wer ist also dieser »Gott«, den der Thomaskantor nicht müde wird zu besingen? Hat er unserer westlichen Welt noch etwas zu sagen, die ja heute eher von atheistischen Haltungen oder von alternativer spiritueller Sinnsuche geprägt wird? Was kann ein 300 Jahre alter Gottesbegriff für uns bedeuten, der aus einer Zeit stammt, als Darwin, Nietzsche, Marx und Freud noch nicht geboren waren und ein geschlossenes christliches Weltbild vorherrschte?

Bach ruhte einerseits tief in einer von Luther geprägten Glaubenswelt, aber seine theologische Bibliothek enthielt auch Schriften von Mystikern wie Johannes Tauler, Thomas von Kempen und Johann Arndt.[40] Wir wissen nicht genau, was Bach davon gelesen hat, aber der Geist seiner Musik deutet für mich auf einen Gottesbegriff hin, der offener ist als der orthodoxe – und der damit durchaus auf mystische Traditionen verweist. Johannes Tauler z. B. fand zahlreiche neue Bilder, um die Begegnung des Menschen mit Gott zu umschreiben, die noch heute aufregend sind. Für ihn geschieht in diesem Moment ein »schlichtes Entsinken in das reine, einfache, unbekannte, ungenannte Gut, das Gott ist«, der Mystiker bezeichnet Gott als ein »grundloses Meer«, einen »unergründlichen Abgrund, der in sich selber schwebt«. Der Mensch – so Tauler – solle immer wieder üben, die »Einsamkeit Gottes in der stillen Leere« zu betrachten, »in der nie ein Wort (…) gesprochen noch ein Werk gewirkt wurde«. In dieser Sphäre sei alles »still, geheimnisvoll und leer (…), dorthin kam nie etwas Fremdes, kein Geschöpf, kein Bild, keine Form«.[41]

Bei diesen Bildern höre ich die reinen, abstrakten, aber tief beseelten Strukturen von Bachs »Kunst der Fuge« oder seinem letzten Orgelchoral »Vor deinen Thron tret' ich hiermit«. In diesen Musikstücken herrschen Stimmungen von Demut und einer tönenden Leere, die sich jeder voreiligen Verbalisierung entziehen und doch in tiefe unauslotbare Räume hineinreichen. Hier wird nichts aufdringlich ausgemalt, wir begegnen keinem allmächtigen Herrschergott und werden von niemandem in die Knie gezwungen, um folgsam einer Doktrin zu huldigen. Dies hätte auch der Persönlichkeit Bachs widersprochen, der sich zeitlebens mit Autoritäten anlegte, was ihn einmal sogar für vier Wochen wegen »Halsstarrigkeit« ins Gefängnis brachte.[42] Seine Musik strahlt für mich immer eine mit eigenen Inhalten gefüllte Spiritualität aus, die durch viele intensive Lebenserfahrungen mitgeprägt war. Sie spiegelt für mich keine »göttliche Ordnung« oder »Sphärenharmonie«, wie sie einige Autoren in den mathematischen Proportionen mancher Werke von Bach zu sehen glauben[43], sondern einen Gott der Fülle und Offenheit, der entrückt und geheimnisvoll bleiben muss.

Der Psychologe Andreas Kruse hat darauf hingewiesen, wie viele Leidenserfahrungen dieser Komponist seit früher Jugend erlebt hat: mit neun Jahren war er schon Vollwaise, dann verlor er seine erste Ehefrau und elf von zwanzig Kindern, musste immer wieder gegen Konkurrenten kämpfen und erblindete am Ende seines Lebens infolge zweier gescheiterter Augenoperationen. Durch zusätzliche Infektionen geschwächt, diktierte er seine letzten Werke in abgedunkelten Zimmern, aber blieb bis zur letzten Minute voller Schaffensdrang. Ich höre all dies aus seinen Werken heraus, kaum ein Musiker vermochte Leid und Schmerz, aber auch Hoffnung und Trost so intensiv in Töne zu fassen wie Bach. Doch seine Musik ruft nicht ängstlich einen Gott als Retter und Tröster an, sondern speist sich aus dem Wunder einer niemals versiegenden kreativen Energie, die ihren Schöpfer durch alle Krisen getragen hat. Diese Kraftquelle strömt durch all seine über 1000 Kompositionen, egal ob sie geistlich oder weltlich sind: eine »unendliche Melodie«, die niemals abbricht und voller Freude, Kühnheit und Hoffnung ist und in den ruhigen Passagen voller zärtlichem Mitgefühl. Wenn der Chor am Schluss der Johannespassion in strahlendem Es-Dur singt »Ich will dich preisen ewiglich«, hat man den Eindruck, dass Bach sich bei einer höheren Kraft auch für die Fülle der ihm geschenkten Einfälle bedanken will.

Diese überströmende Energie seiner Tonkunst umfasst auch die Natur: Manchmal höre ich Schwärme von Vögeln und Fischen durch die Musik Bachs ziehen, vernehme ein Fließen, Strömen und Murmeln von Gewässern sowie die wilde Majestät herabstürzender Wasserfälle und bewegter Ozeane. Vielleicht hat Ludwig van Beethoven Ähnliches empfunden, als er sagte: »Nicht Bach, sondern Meer sollte er heißen, wegen seines unendlichen, unerschöpflichen Reichtums an Tonkombinationen und Harmonien.«[44] Diese Nähe zum Strömen und Fließen kann man übrigens auch aus der besonderen Handschrift des Komponisten ablesen, die – genau wie seine Musik – in endlosen weichen Bogen rund und wellenhaft dahinfließt. Bachs Klangstrukturen sind zwar in hohem Maße organisiert, aber sie fliegen frei dahin in einer oft auch wilden, ja ekstatisch verzückten Bewegung. Nichts Frömmelndes haftet dieser Musik an, auch wenn manche Textzeilen so klingen, aber Bach war ja auch als Kantor an strenge Vorgaben gebunden, die er nicht einfach verändern konnte.

Der Pianist András Schiff hat in einem Interview festgestellt, dass auch Bachs weltliche Stücke, etwa die »Französischen Suiten«, immer eine spirituelle Note enthielten und umgekehrt seine geistliche Musik von tänzerischen Elementen durchsetzt sei.[45] Das bringt mich am Schluss zu der ketzerischen Frage, ob Bachs Gott auch Vergnügen an Spiel und Tanz fand, am Ausprobieren von immer neuen Möglichkeiten, an ausgelassenen Exkursionen und waghalsigen Experimenten. Das würde gut zu Rainer Maria Rilkes Beobachtung passen, wonach sich in Musik »der freie Überfluss Gottes« ausdrücke. Gottes unendliche Freiheit, so Rilke, wurde durch die Schöpfung nicht beschränkt: Sie habe sich zwar in viele Dinge ausgegossen, aber es sei immer noch genügend Kraft

übrig, die jetzt in die Bilder und Tonfolgen der Künstler fließe, die damit Gottes Arbeit fortsetzten.[46] Weil ich diesen Überfluss gerade bei Bach so stark empfinde, verbraucht sich sein Gottesbegriff für mich nicht und kann weiter bis in unsere Zeit wirken: als Metapher für die geheimnisvolle schöpferische Energie des Universums, die auch immer wieder in große Kunstwerke hineinströmt, ohne dass wir sie auf Begriffe bringen können. Musik als Sprache ohne Worte ist dafür vielleicht besonders geeignet, in ihrem unauslotbaren Klangraum fühle ich mich daher manchmal besonders intensiv an den »Geschmack für das Unendliche« angeschlossen.

2001 ODER DER GESCHMACK DER UNENDLICHKEIT

Nur weniges kann uns so in eine spirituelle Stimmung versetzen wie der Anblick eines klaren, von Sternen übersäten Nachthimmels. Ich erinnere mich noch an das erste Mal, als ich solche Empfindungen hatte, die jedoch nicht nur erhebend, sondern auch verstörend waren.

Als Kind stand ich einmal mit meinem Vater in einer warmen Sommernacht in unserem Garten und wir bewunderten den Himmel, der voller funkelnder Sterne war. Ich fragte ihn, wo denn dieser schwarze Raum zu Ende sei, was er zunächst nicht ganz zu verstehen schien. Aber ich hakte nach und erklärte, dass doch ein Astronaut, der durch das Weltall reist, irgendwo an eine Grenze stoßen müsste. »Nein, da gibt es keine Grenze«, sagte mein Vater etwas belustigt über mein hartnäckiges Nachfragen. Ich entgegnete, dass es doch hier unten im Leben auch immer eine Grenze gebe, eine Mauer, an die man anstoße oder eben auch die Landesgrenze, an der man Halt machen müsse. »Ja, aber das ist da oben ganz anders«, meinte mein Vater, »da gibt es so etwas nicht.« »Man fliegt also da immer weiter, ohne Ende?«, fragte ich ungläubig. Mich überkam plötzlich eine Art Schwindelgefühl bei der Vorstellung, dass ich als Astronaut entdecken würde, dass es dort immer weiterginge und dass sich, wenn ich doch an irgendeine Grenze käme, dahinter wieder eine neue Unendlichkeit auftun könnte. Es kam mir vor wie ein seltsamer Traum, in dem man immer weiter nach oben fällt, ohne Ende und bis in alle Ewigkeit. Ich merkte, dass mein Verstand das nicht fassen konnte, und verspürte gleichzeitig ein Gefühl von Faszination und Unruhe. Als ich mich umsah, merkte ich, dass sich mein Vater, dem mein hartnäckiges Fragen wohl eher unangenehm gewesen war, wieder in unser Haus zurückgezogen hatte.

Natürlich verfolgten mich solche Überlegungen im normalen Alltag nicht weiter, aber im Alter von fünfzehn Jahren brachen sie bei einer Kinovorstellung mit aller Macht wieder auf. Im Herbst 1968 war ich mit zwei Freunden in die Kölner Premiere von Stanley Kubricks Meisterwerk »2001 – Odyssee im Weltall« gegangen, das damals in aller Munde war. Ich erinnere mich noch an den Namen des Kinos, »Scala«, das mit diesem Film gerade neu eröffnet hatte und frisch nach dem weißen Kunststoff roch, mit dem sein Foyer ausgestattet war. Dieses Foyer wirkte selbst wie ein Raumschiff und gespannt betraten wir den dunklen Zuschauerraum, in dem schon eine seltsame Geräuschkulisse auf uns wartete. Noch nie hatte ich so einen Filmanfang miterlebt: Minutenlang strömten sphärische Klänge aus den Lautsprechern, bevor sich der Vorhang öffnete und der berühmte Trompetendreiklang aus Richard Strauss' sinfonischer Dichtung »Also sprach Zarathustra« erklang. Dann begann eine Filmvorführung, wie ich sie vorher und auch nachher nie mehr erlebt habe. Ich versank förmlich in einer unbekannten Welt von Raumschiffen, Sternen, Monden, Planeten und Galaxien, die mich in Atem hielt und mein Herz fast schmerzhaft für Empfindungen öffnete, die ich noch nicht kannte. Es wurde wenig gesprochen in diesem Werk, das eher einer kultischen Feier als einem gängigen Science-Fiction-Film glich. Ich wohnte einem fast dreistündigen Ritual bei, in dem sich der Regisseur an der Schönheit und am Mysterium des Universums berauschte und uns immer tiefer in diese Begeisterung mit hineinzog. Zu den Klängen des Donauwalzers schwebten elegante weiße Flugkörper durch das schwarze All, riesige Raumstationen drehten sich unaufhörlich im Kreis und Astronauten in silbernen Anzügen inspizierten auf dunklen Mondlandschaften einen geheimnisvollen Monolithen, von dem merkwürdige Signale ausgingen. Ich verstand den Inhalt des Filmes nicht ganz, lebte nur in den überwältigenden Bildern und Tönen, die mich wieder an das Gespräch mit meinem Vater in unserem Garten erinnerten. Hier war sie auf einmal sinnlich spürbar, die Unendlichkeit, die ich damals als Kind kurz gekostet hatte, und ich merkte wieder, wie magisch mich dieses Thema anzog. Der enigmatische Schluss des Filmes übte noch mal eine besondere Wirkung auf mich aus: Aus dem riesigen Monolithen, der den Jupiter umkreiste, wurde ein hohler schwarzer Schacht, der uns in die Unendlichkeit mit hineinriss, in farbige Lichtkaskaden, wie ich sie noch nie gesehen hatte, in mysteriöse Landschaften auf fernen Planeten, die wie fremde Paradiese aussahen, auf denen ungeahnte Abenteuer auf uns warteten. Am Ende landete der Astronaut in einem luxuriösen Zimmer im viktorianischen Stil und machte mehrere Metamorphosen durch: Er alterte und wurde schließlich zu einem Embryo, der mit riesigen Augen in einer gläsernen Kugel über der blau funkelnden Erde schwebte. Dazu erklang wieder die erhabene Musik aus Richard Strauss' Tondichtung »Also sprach Zarathustra«, mit der der Film auch begonnen hatte.

Nach der Vorführung torkelte ich etwas benommen aus dem Kino und verabschiedete mich von meinen Freuden, die mit dem Film nicht viel anfangen konnten und sich mit verlegenen Witzchen Luft zu machen versuchten. Für mich aber war alles heiliger Ernst gewesen und ich lief stundenlang durch das nächtliche Köln, um mühsam die Emotionen zu sortieren, die mich regelrecht überschwemmten. Ich war ratlos, was das alles zu bedeuten hatte, aber mich übermannten auch starke Glücksgefühle, die ich jedoch nicht in eine handhabbare Ordnung bringen konnte. Der Film hatte bis ca. 23 Uhr gedauert und danach war ich noch ein bis zwei Stunden durch die Stadt geirrt, sodass ich spät nachts nach Hause kam, wo meine Eltern mich entgeistert fragten, was ich die ganze Zeit getrieben hätte. Ohne ein erklärendes Wort ging ich auf mein Zimmer und lag noch lange schlaflos da, während mir die Bilder aus dem Film in einer Endlosschlaufe durch den Kopf gingen. Was hatte ich da gesehen? Warum hatte es mich so aufgewühlt? Wer war dieser Regisseur, der solche Erlebnisse in mir hervorrufen konnte? Wochenlang recherchierte ich nach allem, was ich über Stanley Kubrick und »2001« in Erfahrung bringen konnte, ich las alle Rezensionen in Deutsch und Englisch, die in Kölner Bibliotheken zu haben waren, und sah den Film ein zweites und ein drittes Mal. Insgesamt habe ich ihn bis heute ca. zwanzigmal gesehen, sogar zweimal in der englischen Originalfassung in London. Kubrick ist seitdem ein Leitstern meines künstlerischen Lebens geworden: einer der wenigen herausragenden Filmemacher des 20. Jahrhunderts, der mir wirklich dabei geholfen hat, ganz neue Welten zu betreten. Aber keiner seiner anderen Filme, die ich auch alle mehrmals gesehen habe, hat mich so beschäftigt wie »2001«, sodass ich – erschüttert durch seinen frühen Tod im Jahre 1999 – seiner Witwe Christiane davon schreiben musste. Dabei schilderte ich ihr auch meine Überlegungen zu der meiner Meinung nach »romantisch-spirituellen« Seite dieses Filmes.

Viele haben »2001« als kühl empfunden und tatsächlich befördern die sterilen Räume der Raumschiffe und die pragmatische Art der Astronauten auch eine solche Ausstrahlung. Und dennoch blitzte für mich durch diese Oberfläche auch eine Sehnsucht und eine Faszination des Regisseurs für die unendlichen Sternenräume hindurch. Daher erwähnte ich in meinem Brief an Christiane Kubrick die Begeisterung deutscher Künstler des 19. Jahrhunderts für das Weltall, etwa Novalis' »Hymnen an die Nacht« oder Caspar David Friedrichs Bilder von Männern, die in die stille Betrachtung des Mondes versunken waren. Und so fügte ich meinem Schreiben das Gedicht »Die Sternseherin Lise« von Matthias Claudius bei, das meiner Meinung nach diese Sternensehnsucht besonders gut ausdrückt:

Ich sehe oft um Mitternacht,
Wenn ich mein Werk getan
Und niemand mehr im Hause wacht,
Die Stern' am Himmel an.
Sie gehn da, hin und her zerstreut
Als Lämmer auf der Flur;
In Rudeln auch, und aufgereiht
Wie Perlen an der Schnur.

Und funkeln alle weit und breit
Und funkeln rein und schön;
Ich seh' die große Herrlichkeit
Und kann mich satt nicht sehn ...
Dann saget unterm Himmelszelt
Mein Herz mir in der Brust:
»Es gibt was Bessers in der Welt
Als all ihr Schmerz und Lust.«
Ich werf mich auf mein Lager hin,
Und liege lange wach,
Und suche es in meinem Sinn:
Und sehne mich darnach.[47]

Zu meiner Überraschung antwortete Christiane Kubrick, die ja auch Künstlerin ist, nach kürzerer Zeit mit den Worten, dass ihrem Mann meine Überlegungen sicher gut gefallen hätten. Er sei neben dem Filmemachen immer auch ein Philosoph und Sinnsucher gewesen und habe vieles an Literatur zu diesen Themen auch aus dem deutschsprachigen Raum gelesen.

Noch heute staune ich über diesen tollkühnen Vorstoß vor zwanzig Jahren, der mir aber eine durchaus beglückende Antwort eingebracht hatte. Dass Kubrick, der aus einem jüdischen Elternhaus kam, aber eigentlich Atheist war, dennoch eine spirituelle Ader besessen hatte, hatte ich immer geahnt und seine Frau bestätigte es mir nun. Das aufwühlende Erlebnis mit »2001« war für mich zu einer Geburtsstunde geworden, in der ich einen bisher verschütteten Teil meiner Persönlichkeit entdeckt hatte, der bis heute von großer Wichtigkeit ist und mir auch zu meiner ganz eigenen Filmsprache verholfen hat. Nicht in einer Kirche, sondern in einem Kino hatte ich eine eindringliche Erfahrung von Transzendenz gemacht, von der Einsamkeit des Menschen in einem grenzenlosen All, das er dennoch nicht müde wird zu erforschen und dessen Schönheit ihn immer wieder neu betört. Oft musste ich beim späteren Anschauen des Filmes an Albert Einstein denken, der ähnlich wie Kubrick Jude war, aber mit der traditionellen Religion ebenfalls nichts anfangen konnte. Dennoch bekannte sich der berühmte Physiker zu etwas, was er »kosmische Religiosität« nannte, die er als »die stärkste und edelste Triebfeder wissenschaftlicher Forschung« ansah. Diese spezielle Art von Religiosität – so Einstein – komme ohne einen personifizierten Vatergott aus und bestünde aus dem »verzückten Staunen über die Harmonie der Naturgesetzlichkeit, in der sich eine so überlegene Vernunft offenbart, dass alles Sinnvolle menschlichen Denkens (…) dagegen ein gänzlich nichtiger Abglanz ist.«[48]

Genau dieses Gefühl hatte ich beim Anschauen von »2001« auch immer: Hier lag ein filmischer Entwurf für eine zeitgemäße Art von Spiritualität vor, die ohne Kirche und »Gott« auskam und dennoch unsere Gefühle von Staunen, Bewunderung, ja Anbetung ernstnahm und neu zu aktivieren half. In diesem Film wurde nichts erklärt, weder auf wissenschaftlicher noch auf religiöser Ebene, er verzauberte einen nur durch seine Bilder und Stimmungen, wozu übrigens der genial ausgesuchte Soundtrack viel beitrug. Keine effekthascherische Filmmusik war hier zu hören, sondern Meisterwerke von Johann Strauss, Richard Strauss und György Ligeti, die in ihrer subtilen Qualität kaum von einem normalen Filmkomponisten erreicht worden wären. Daneben lässt Kubrick in »2001« auch viel Stille zu, die das eigene Nachdenken befördert: Eine große Ruhe und Gelassenheit geht von dem ganzen Film aus, in dem auch keine Fantasy-Kreaturen oder Weltraummonster herumhuschen, sondern nur die geheimnisvolle Schönheit des Universums besungen wird. Hier im Kinosaal begegnete ich erstmals dem, was Rudolf Otto das »Heilige«[49] genannt hatte: Ich spürte mit meinen fünfzehn Jahren, dass wir nur ein winziger Teil eines unermesslichen Ganzen sind, das so viel älter und klüger ist als wir und das wir zu Recht verehren dürfen. Ich fühlte die positive Kraft, die in der Fähigkeit zu Devotion und Bewunderung steckt – und interessanterweise auch den Widerstand, den dies bei einigen Bekannten auslöste. Denn es gab auch hämische und kritische Stimmen gegenüber »2001«: Von zu viel Pathos war dann die Rede oder von einem »Kifferfilm«, der für intellektuell unterbelichtete Hippies gemacht worden sei, die sich in dunklen Kinosälen endlos daran berauschen wollten. War ich auch so ein kiffender Hippie gewesen, der hier nur seine eigenen pubertären Fantasien hineinprojiziert hatte? Wollte ich mit meinen Schwärmereien nur einer Wirklichkeit entfliehen, in der damals gerade der Vietnamkrieg tobte und die Studentenbewegung gegen ihre Nazieltern zu rebellieren begann? Nein, denn ich protestierte an diesen Fronten ja auch mit – und doch verspürte ich eine Sehnsucht nach dem Sakralen und Transzendenten, das mir aber die Kirche nicht geben konnte. Schon damals ahnte ich, dass Wissenschaft und Spiritualität keine Gegensätze sein müssen, wie ja in »2001« auch eine ganze Armada von Forschern mitgewirkt hat, um den Film so glaubwürdig aussehen zu lassen. Seit ich ihn das erste Mal sah, hörte ich nicht mehr auf, mich für Astronomie, Astrophysik und Kosmologie zu interessieren; gleich nach dem Filmerlebnis kaufte ich mir Bücher über unser Sonnensystem und wollte alles ganz genau über den roten Fleck in der Atmosphäre des Jupiters und die glitzernden Ringe des Saturn wissen. Neben den interessanten Fakten bewunderte ich auch die Schönheit der Planeten und Galaxien und begann darüber nachzudenken, was sich eigentlich dahinter verbirgt. Immer schon hatten die Farbfotografien des Hubble-Weltraumtelekops wie große Kunstwerke auf mich gewirkt und Kubrick hatte bereits zwanzig Jahre vor dessen Einsatz in seinem Film etwas davon eingefangen. Was drückte diese Schönheit im Universum eigentlich aus? Ich konnte mich nie mit der Antwort von Naturwissenschaftlern zufriedengeben, wonach die »Schönheit« im All eigentlich gar nicht existiere, sondern nur eine Projektion unseres Geistes sei. Das Universum – so sagen die Physiker – bestehe letztlich nur aus Materie- und Gasformen, die sich zu bestimmten farbigen Strukturen gruppieren, die wir Menschen dann als »schön« empfinden. Aber solche ästhetischen Wertungen seien dem Weltall fremd, da es keine Ziele verfolge und uns auch nicht gefallen oder uns verzaubern wollte. Aber warum hatte Kubrick so viel Mühe darauf verwendet, gerade die Schönheit des Alls so überschwänglich zu preisen? Schimmerte nicht hinter dieser Schönheit noch etwas anderes durch, war sie nicht ein Tor zu tieferen Wirklichkeitsebenen?

Viele Jahre nach meiner Begegnung mit »2001« konnte ich während der Dreharbeiten zu meinem Film »Das kreative Universum«[50] mit zwei Experten über diese Fragen sprechen und zwar mit dem Astronomen George Coyne und dem Quantenphysiker Arthur Zajonc. Diese beiden Forscher besitzen neben ihrer wissenschaftlichen Qualifikation auch einen spirituellen Hintergrund, der sie noch einmal anders auf ihre Formeln und Messdaten schauen lässt. George Coyne ist Jesuit und forschte jahrelang in der Vatikanischen Sternwarte auf dem Mount Graham in Arizona, während Arthur Zajonc neben seiner Tätigkeit an der Universität auch die Anthroposophische Gesellschaft in Amerika leitete. Beide Wissenschaftler betonten im Filminterview, dass Schönheit nicht nur ein Fantasieprodukt sei, sondern etwas Tiefgreifendes über die Struktur des Universums aussage. So spiegele die Schönheit von guten Theorien auch etwas von der Schönheit der Naturgesetze wider, die nur die Außenseite von etwas Geistig-Unsichtbarem darstellten.[51] Vor allem Arthur Zajonc betonte, dass es hinter der sinnlich erlebbaren Oberfläche des Kosmos geistige Aktivitäten gebe: So wie wir bei einem Stück von Bach durch die akustischen Klänge hindurch auf etwas anderes hören, so könne man auch hinter den ästhetischen Formen der Galaxien einen schaffenden Geist wahrnehmen. Auch die Natur – so betonte Zajonc im Geiste Goethes – sei eine Künstlerin, die sich in großen Werken immer wieder einen neuen Ausdruck verschaffe.[52]

Diese Einsicht teile ich und sie wurde mir erstmals mit fünfzehn Jahren beim Besuch von »2001« unbewusst zuteil. Doch ich spürte hinter der überwältigenden, aber auch kühlen Schönheit des Weltalls noch etwas anderes: auf keinen Fall einen lieben und gütigen Gott, wie es uns im Konfirmandenunterricht vermittelt worden war, sondern etwas Gewaltiges, Extremes, Unbekanntes, nicht in Worte zu Fassendes, das allenfalls die Bildsprache großer Kunst umkreisen kann. Der immer wieder auftauchende schwarze Monolith in Kubricks Film schien mir ein perfektes Symbol dafür zu sein: Er wirkte wie ein Tor zu einer kosmischen Urkraft, die auch dunkel und unergründlich bleiben muss. Heute weiß ich, dass das Universum keine Idylle ist, in der niedliche Engel herumschweben und ein bärtiger Vatergott gütig über allem wacht; es ist auch voller Abgründe, die wir bislang kaum erfassen können. Die neuesten Erkenntnisse der Astrophysik sagen uns, dass wir bisher nur etwa 70 Prozent der Materieformen im All kennen, der Rest wird »dunkle Materie« genannt und ist weder sichtbar noch messbar. Auch die uns bekannten Energieformen wie Wärmeenergie, Kernenergie, magnetische und elektrische Energie sind nur ein kleiner Teil, den unsere Wissenschaft nachweisen kann: 70 Prozent aller Energie sind völlig unbekannt, etwa diejenige, die unser Universum immer schneller expandieren lässt, obwohl Materie und Schwerkraft eigentlich den umgekehrten Effekt haben müssten. Die Astronomen nennen diese unbekannte und geheimnisvolle Kraft daher »dunkle Energie«.

Neben diesen großen Rätselfragen der Physik gibt es im Kosmos auch Exzesse von Gewalt: Wir Menschen konnten nur entstehen, weil Sterne in gewaltigen Supernova-Explosionen zerbarsten, um dabei den Kohlenstoff und Sauerstoff hervorzubringen, der unser Leben erst möglich macht. Und auch unsere Sonne wird einst ein dramatisches Schicksal ereilen: Erst wird sie als ein »Roter Riese« zu doppelter Leuchtkraft anschwellen, hundert Mal so groß sein wie heute und die Planeten Merkur und Venus verschlucken. Danach wird sie allmählich schrumpfen und ihr Leben als kosmischer Aschehaufen beenden, den die Physiker als »Weißen Zwerg« bezeichnen. Aus sterbenden Sonnen können auch »Schwarze Löcher« werden, bei denen die Konzentration ihrer Masse eine solche Anziehungskraft erzeugt, dass sie andere Sterne wie ein Staubsauger verschlucken können. Und auch die Zu-

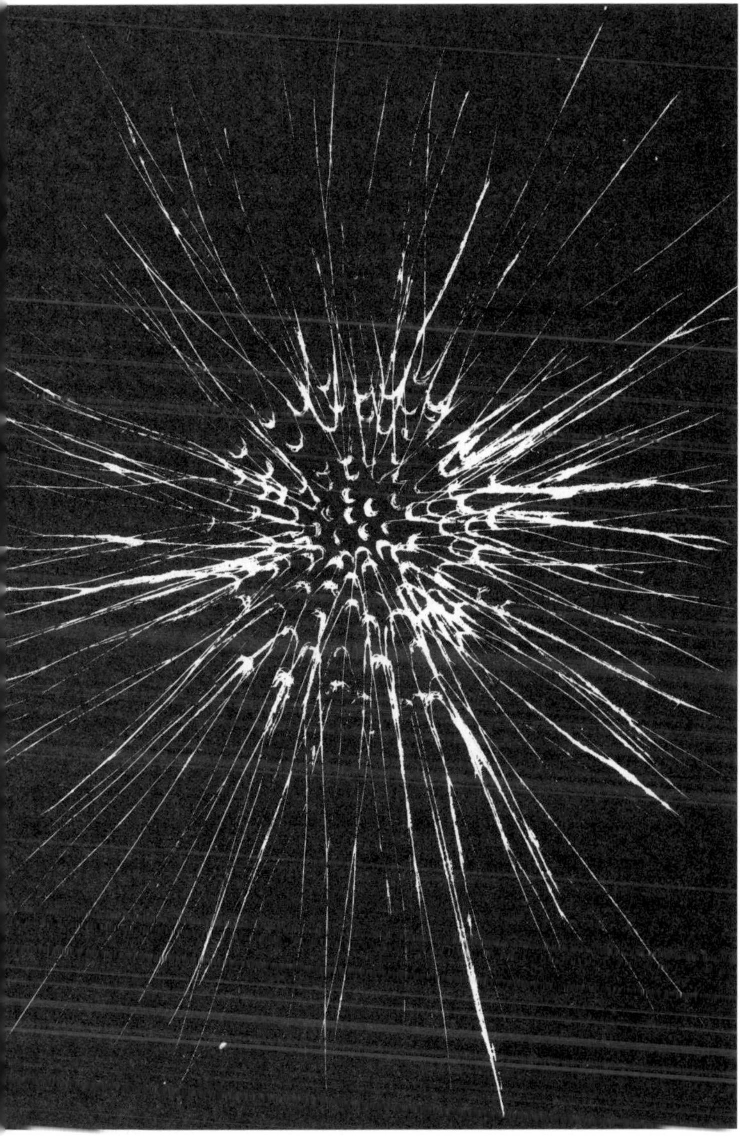

kunft unseres Universums lässt keinen naiven Schönheitsbegriff zu. Die heute plausibelste Theorie sagt voraus, dass es sich immer weiter ausdehnen wird: Den Sternen geht langsam der Brennstoff aus und der Kosmos wird immer dunkler und kälter werden, was auch das Ende allen Lebens bedeutet. Andere Theorien halten es für möglich, dass sich das All immer weiter zusammenzieht und in einer Art umgekehrtem »Urknall« wieder verschwindet, um in ewig neuen Varianten wiedergeboren zu werden.[53] Dies alles sind atemberaubende Vorstellungen, die für mich zur Schönheit und Erhabenheit des Universums dazugehören und in mir religiöse Gefühle hervorrufen können, die der Theologe Friedrich Schleiermacher als »Sinn und Geschmack für das Unendliche« umschrieben hat.[54] Solche Überlegungen haben auch mein Verständnis von »2001« bereichert. Kubrick malte sein Weltall in durchaus ambivalenten Farben: Wenn der durch den Bordcomputer HAL getötete Astronaut mit schlingernden Bewegungen in den Weiten des Alls verschwindet, wirkt das Universum wie ein dunkler Schlund, der ihn auf Nimmerwiedersehen verschluckt. Aber wenn sich der Monolith für seinen überlebenden Kollegen zum Sternentor öffnet, empfängt ihn eine Wunderwelt höherer Intelligenz, die ihn auf bewusstseinserweiternde Reisen schickt. Das Universum ist auch in »2001« bedrohlicher Abgrund und kreativer Geburtsschoß zugleich.

All das hatte ich beim ersten Anschauen vor über fünfzig Jahren nur dunkel geahnt und ich erinnere mich noch heute an die Gänsehaut, die ich bekam, als das letzte Kapitel des Filmes mit der Überschrift begann: »Jupiter und jenseits der Unendlichkeit«. Doch diese Gänsehaut war keineswegs unangenehm, eher ein wohliger Schauer als ein Gefühl von Angst. Obwohl ich nicht wusste, was auf mich zukam, fühlte ich mich eigentümlich aufgehoben. Auf den unvergleichlichen Klängen von Ligetis Komposition »Atmospheres« schwebte ich mit dem letzten der übriggebliebenen Astronauten in einen Tunnel von farbigem Licht und in endlose Landschaften aus Gaswolken und geschmolzenem Metall. Ich glitt durch organische Wolken von großer Schönheit, die sich ständig veränderten und aussahen, als seien sie Geburtsprozesse von entstehenden Lebensformen. Ich ahnte, dass es dort keinen Gott gab, wie er im Kölner Dom gepredigt wurde, der nur fünf Gehminuten vom Kino entfernt lag. Aber ich spürte, dass da etwas wirkte, das größer war als ich und dem ich mein Leben zu verdanken hatte, das ja letztlich – wie es die Physiker so schön sagen – aus »Sternenstaub« gemacht ist. Ich konnte mich diesem größeren Etwas ohne intellektuelle Zweifel oder beklemmende Gefühle hingeben, vielleicht lernte ich in diesen Minuten überhaupt das erste Mal, was Hingabe war. Mitten im dunklen Kino fühlte ich mich trotz aller Ungewissheit wie in »Abrahams Schoß«, nur dass dieser nicht zu einem Menschen oder Gottvater gehörte, sondern aus reiner kreativer Energie bestand, die in betörenden Wellen über mich hinwegströmte. Ich spürte, dass diese Energie auch in mir selbst vorhanden war, dass ich Teil dieses Ganzen war, und ein heißer Strom von Glück durchflutete meinen Körper.

Obwohl ich zu diesem Zeitpunkt noch nicht daran dachte, glaube ich heute, dass damals der Künstler in mir geboren wurde: das Bewusstsein, dass mir starke schöpferische Kräfte geschenkt wurden, denen ich vertrauen kann, egal was die Zeiten auch bringen. Ich fühlte mich getragen und inspiriert von etwas, das weit über mich hinausging. Auch begriff ich das erste Mal, dass die Kunst in großen assoziativen Bildern erzählen darf, die keiner logischen Rechtfertigung bedürfen – und dass sie nicht dazu bestimmt ist, uns zu unterhalten, sondern uns für die Wunder dieser Welt zu öffnen. Ich spürte mit großem Wohlbehagen, dass auch das Kino in metaphysische Sphären hinausgreifen darf und vielleicht durch seine spezielle Art besonders geeignet dafür ist. Der staunende Embryo, der in der letzten Einstellung von »2001« hoch über der blauen Erde schwebte, war ich selbst und als ein derart wiedergeborenes Wesen kehrte ich spät in der Nacht zu meinen ratlosen Eltern zurück. Ohne sie verurteilen zu müssen, wusste ich, dass ich nur halb zu ihnen gehörte und auch in einer anderen Sphäre beheimatet war, zu der sie keinen Zugang hatten. Ab diesem Zeitpunkt war ich nur noch ihr Gast, ein Durchreisender, der anderswoher gekommen war und anderswohin ging als sie. Dass ich solche großen Gefühle damals empfinden konnte und dass sie mich bis heute gut durch mein Leben tragen, verdanke ich auch Stanley Kubricks einzigartigem Werk, das dadurch zu mehr als einem bloßen Film für mich geworden ist.

DAS GEHEIMNIS DER REGENERATION

Zur »Spiritualität im Alltag« gehören für mich auch Prozesse von Regeneration und Heilung, wie wir sie körperlich und seelisch immer wieder erfahren. Schon oft habe ich mich gefragt, ob wir es hier nicht ebenfalls mit kleinen Wundern zu tun haben, die meist übersehen werden. Was passiert eigentlich, wenn eine Wunde verheilt? Woher weiß sie, was zu tun ist und wann das Zusammenwachsen wieder gestoppt werden muss? Die wissenschaftliche Erklärung des Phänomens sagt uns, dass Wundheilung mit dem dauernden Abbau und Wiederaufbau von Zellen in unserem Körper zusammenhängt. Mehrere hundert Millionen von ihnen sterben dort täglich und werden durch neue ersetzt, die durch Zellteilung entstehen. Damit diese kontrolliert abläuft, ist ein kompliziertes Zusammenwirken von Botenstoffen und Hormonen nötig, das – wenn es schiefgeht – auch zu Krebs führen kann. Beim normalen Heilungsprozess einer Verletzung werden Botenstoffe freigesetzt, die zu einer mehrfachen Zellteilung führen, die die Wunde zuwachsen lässt und nach erfolgreicher Behandlung durch andere Botenstoffe wieder gestoppt wird.[55] Oft schon habe ich diesen Prozess an meinem Körper erlebt, in harmlosen Fällen, aber auch bei entzündeten Wunden, die von einem Fachmann behandelt werden mussten und einen längeren Heilungsprozess benötigten. Halfen mir dabei die medizinischen Erklärungen wirklich weiter?

Auch wenn ich ungefähr weiß, was chemisch in meinem Körper abläuft, so kann ich am Ende doch nur über die unvorstellbare Komplexität der Vorgänge staunen, die scheinbar ganz von selbst geschehen. Eine kleine Wunde an meinem Fuß heilt jetzt in dem Moment, wo ich dieses Kapitel schreibe, aber ich merke nichts davon, was Tausende von Zellen im Inneren meines Körpers gerade anstellen: wie sie sich teilen, verabreden, kooperieren, sich unterstützen, wie sie still und mit großer Intelligenz an der Heilung meines Fußes arbeiten. Am Ende werden sie mir dafür keine Rechnung ausstellen und keinen Dank verlangen. Sie tun einfach, was sie tun müssen und immer getan haben, und ich weiß nicht einmal, ob sie sich nach gelungener Arbeit über das Ergebnis freuen oder nicht. Ich aber habe mir Sorgen gemacht, weil die Wunde längere Zeit offenblieb und ich sie weder durch Jod noch durch Wundverbände schließen konnte. Erst die sachkundige Behandlung eines Chirurgen und meine Geduld brachte das gewünschte Ergebnis. Am Ende war sogar die Geduld der wichtigste Faktor, da die Wunde vielleicht auch ohne den Eingriff des Spezialisten bald geheilt wäre. Aber ich hatte nicht genug Geduld und wurde unruhig. Leichte Schmerzen beim Gehen beeinträchtigten mich, ich wusste nicht genau, wie ich mir die Verletzung zugezogen hatte, und setzte mich ohne Termin im Januar in ein eiskaltes Wartezimmer, in dem wegen Corona die Fenster geöffnet waren. Der Spezialist meinte, dass alles nicht so schlimm sei, und verband die Wunde noch einmal professionell; auf dem Nachhauseweg dachte ich, dass ich mir den Arztbesuch auch hätte sparen können. Warum hatte mir die Geduld gefehlt, obwohl ich schon Hunderte von ähnlichen Verletzungen selber auskuriert hatte? Wenn etwas nicht so läuft, wie wir es gewohnt sind, bekommen wir Angst und werden schnell unruhig: Wir rastlosen Menschen von heute wollen Schmerzen und Verletzungen so schnell wie möglich loswerden, um bald wieder unseren Geschäften nachgehen zu können.

War das in der Geschichte immer so gewesen? Ich stelle mir oft vor, wie unterentwickelt die medizinische Versorgung etwa noch vor 200 Jahren gewesen ist. Wie waren Goethe und Bach mit Krankheiten und Verletzungen umgegangen? Weil er jahrelang nachts bei Kerzenlicht komponiert hatte, wurde Bachs Sehkraft im Alter immer schlechter und er ließ sich von einem englischen Arzt behandeln, der seine Augen mit einer Bürste abrieb und mehrere Aderlässe daran vornahm. Diese aber führten nicht zum gewünschten Erfolg, Bach erlitt schwere Infektionen und erblindete, aber er setzte in großer Ruhe noch vier Monate lang seine Kompositionstätigkeit fort, indem er Schülern neue Stücke diktierte.[56] Woher hatte er die Geduld bei einem so schwierigen Krankheitsverlauf? Die Biografen sprechen hier gerne von Bachs »Gottvertrauen«, von seiner tief gegründeten Spiritualität, die ihn auch noch das Schlimmste in seinem Leben annehmen ließ. Besaß ich so etwas eigentlich auch? Verhalfen mir meine jahrelangen Studien von spirituellen Traditionen auch zu mehr Gelassenheit im Umgang mit Krankheit und Schmerz?

Diese Frage stellte sich mir besonders eindringlich, als ich einmal das Grab der Therese von Konnersreuth besuchte, die wegen ihrer Stigmatisierungen und Christusvisionen berühmt geworden war. Nach einem Sturz hatte dieses einfache Bauernmädchen lange Zeit mit großen Schmerzen, Lähmungen, Sehstörungen und häufigen epileptischen Anfällen im Bett gelegen, bevor ihre blutigen Wundmale auftauchten. Auf ihrem mit zahllosen Geschenken und Blumen überhäuften Grab in Konnersreuth erblickte ich eine Tafel mit einem Satz von ihr, der mir seitdem nicht mehr aus dem Kopf gegangen ist: »Ich liebe alles, was vom Herrgott kommt: jedes Blümlein am Wegesrand, jedes Vöglein im Walde und jedes neue Leiden.«

Selten hat mich ein einfacher Spruch so tief berührt und zu so weitreichenden Fragen geführt: Wie sieht die Persönlichkeit eines Menschen aus, der zu so einer Aussage fähig ist? Welche Kraft des Annehmens selbst der schlimmsten Dinge besitzt er und woher kommt sie? Warum habe ich scheinbar keine solche Kraft? Kann ich lernen, mehr davon zu bekommen? Als jemand, der keine verlässlichen Aussagen über die Existenz oder Nicht-Existenz eines Gottes machen kann, bin ich nicht fähig, an einen personalen Gott zu glauben, der liebend und beschützend über mir wacht und mich aus schlimmen Nöten immer wieder befreien kann. Wenn ich nach einer Krankheit gesunde, danke ich bestenfalls dem Können der Ärzte und der Regenerationskraft der Natur dafür, dass alles gut gelaufen ist. Doch auch wenn ich weiß, dass viel Chemie daran beteiligt ist, vermag ich einer Heilung auch Aspekte des Wunderbaren abzugewinnen und kann staunen über eine höhere Intelligenz, die alles so klug gerichtet hat. Ich würde hier das Wort »Gott« durch das Wort »Natur« ersetzen und mir dabei keine Person vorstellen, sondern eine große, aber am Ende geheimnisvoll bleibende Kraft.

Aus meiner Beschäftigung mit mythologischen Traditionen der Vergangenheit weiß ich, dass Hunderte von vor- und außerchristlichen Kulturen dies auch so gesehen haben, weshalb ich mich mit ihnen verbunden fühle. Über Jahrtausende feierten Völker auf der ganzen Welt etwa bei der Wintersonnenwende oder bei Frühlingsfesten die Erneuerungskraft der Natur. Noch heute gibt es solche Bräuche in nahezu allen Kulturen dieser Erde, auch bei uns lodern noch Osterfeuer auf, um den endgültigen Sieg über den Winter zu feiern. Für die Menschen bleibt es ein stark emotionales Erlebnis, wenn nach der kalten und dunklen Jahreszeit die Tage wieder länger und wärmer werden und aus kahlen Böden das erste zarte Grün hervorsprießt. Auch jetzt, wo ich diese Zeilen schreibe, beginnt wieder der Frühling und bei jedem Spaziergang im Park vor meinem Haus kann ich seine Wundergaben bestaunen. Erschöpft von Corona stehen die Menschen oft einfach nur still am See und strecken ihre Gesichter dankbar der stärker werdenden Sonne entgegen, die nicht nur physische Wärme spendet. Die kraftvolle Regeneration der Natur geht gerade wieder durchs ganze Land und hat auch mich erfasst. Auch hier in Berlin kann ich kleine Sonnenrituale durchführen, etwa wenn ich mir vorstelle, dass jetzt ein Gestirn näher an die Erde heranrückt, das seit 4,5 Milliarden Jahren Unvorstellbares leistet: Jede Sekunde wandelt unsere Sonne 564 Millionen Tonnen Wasserstoff in 560 Millionen Tonnen Helium um und wird dies auch noch in 5 Milliarden Jahren tun. Wie die Zellen in meinem Körper macht auch die Sonne dies unentgeltlich, ohne eine Forderung nach Dankbarkeit oder nach einer Gegenleistung. Vielleicht ist die einzige Gegengabe, die wir ihr entgegenbringen können, die Kraft unserer Bewunderung, die wir der Sonne opfern, so wie frühere Kulturen ihr Tier- und bisweilen sogar Menschenopfer gebracht haben. All dies hat mich gelehrt, dass die Regenerationskraft des Frühlings auch mit großen kosmischen Prozessen zu tun hat, die in ihrem letzten Ursprung nicht rational zu erklären sind: Es bleibt immer ein numinoser Rest, der trotz aller Wissenschaft immer noch mitschwingen darf.

Ein ähnlich geheimnisvolles Organ, das an der Regeneration des Körpers beteiligt ist, ist unser Herz, das in der Regel ebenfalls ununterbrochen schlägt, egal wie sehr wir es belasten. Dies hat mir auf eindringliche Weise vor Jahren die Installation »Herzschlag« des französischen Künstlers Christian Boltanski in Berlin veranschaulicht. Um zu ihr zu gelangen, musste ich in einer alten Fabrik durch Gänge in dunkle Kellerlabyrinthe hinabgehen, wo mir seltsame Geräusche den Weg zu dem Kunstwerk wiesen. Bald erkannte ich, dass es Herztöne vom Band waren, die der Künstler so mit einer von einer Decke hängenden Glühbirne verbunden hatte, dass diese im Rhythmus des Herzschlages an- und ausging. Man fühlte sich in dem Kellerraum wie in einem unterirdischen Geheimlabor, wo das Mysterium des Lebendigen sichtbar gemacht wurde. Ich hatte vorher gelesen, dass unser Herz ca. 100.000 Mal pro Tag und mehr als 36 Millionen Mal im Jahr schlägt; wie viel Schläge es in einem ganzen Leben sind, wagte ich mir gar nicht vorzustellen. Als ich das im Sekundentakt an- und ausgehende Licht der Glühbirne sah und die entsprechenden Töne dazu vernahm, war mir kurz so, als ob ich mein eigenes Herz hörte. Mich überkam ein Gefühl der Zärtlichkeit und Bewunderung für dieses kleine Organ und ich spürte sein kraftvolles Schlagen in meiner Brust. Aber je länger ich auf das Flackern der Birne schaute, desto mehr Angst bekam ich auch, dass es auf einmal stoppen könnte. Mir kam es unheimlich vor, dass mein Herz eigentlich keine Pause, keine Auszeit und keine Erholung brauchte: Seit meiner Geburt hatte es nicht mehr aufgehört, meinen Blutkreislauf in Schwung zu halten, und würde dies – wenn ich meinen Körper nicht allzu schlecht behandelte – auch noch viele weitere Jahre tun. Wie bekam dieses nur aus ein paar Gefäßen und Muskeln bestehende Organ es eigentlich hin, so unermüdlich und regelmäßig zu funktionieren, wie es keine Maschine dieser Erde schaffen würde? Bei Tag und bei Nacht, in Zuständen von guter Gesundheit und schwerer Krankheit, egal ob ich fröhlich oder tief verzweifelt war? Diese Stunde in dem merkwürdigen Keller in Berlin bescherte mir ein echtes spirituelles Alltagserlebnis, das mich ein scheinbar selbstverständliches Phänomen meines Lebens neu erleben ließ. Die Heilkräfte der Zellen in meinem Körper, die uneigennützige Energie der Sonne, die Ausdauer meines Herzens: Diese drei Bilder wurden zu Anlässen für Meditationsübungen, die mir halfen, mich von etwas getragen zu fühlen, das mir auch in Krisenzeiten weiterhelfen konnte.

Solche Erfahrungen ermutigten mich auch, achtsamer mit meinem Körper und meiner Seele umzugehen. Denn mir war klar geworden, dass Krankheiten oft mit psychischen Faktoren zusammenhingen, die ich zum Teil selbst in der Hand hatte. Das Geheimnis der Regeneration berührte auch die Frage, wie fürsorglich ich zu mir sein konnte, ob ich in der Lage war, meine Aufmerksamkeit für das Zusammenspiel von Körper, Geist und Seele zu verfeinern. Mein Leib war eben keine Maschine, auch meine Zellen und mein Herz

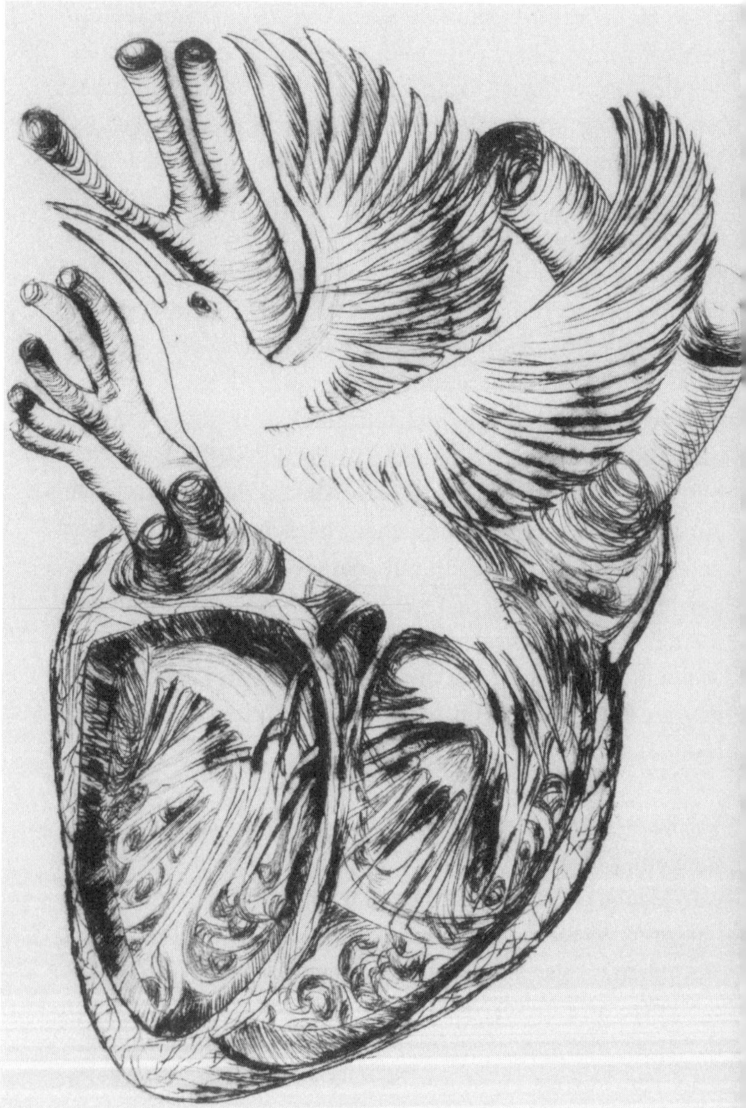

nicht, so sehr sich dieser Eindruck auch aufdrängt, wenn man zu viele medizinische Fakten über sie liest. Es waren lebendige »Wesen«, die die Evolution in Jahrmillionen behutsam und klug entwickelt hatte und die eng mit meinem Innenleben zusammenhingen, auch wenn ich das im Alltag nicht direkt bemerkte. Diese Erkenntnis führte zu eindringlichen und auch unangenehmen Fragen: Welche psychosomatischen Ursachen hatten möglicherweise Erkrankungen von mir gehabt und wie konnte ich in Zukunft besser damit umgehen? Ich ahnte, dass mancher Unfall und manche Krankheit auch eventuell mit zu viel Stress zusammenhingen, mit meinem Unvermögen, zum richtigen Zeitpunkt kürzer zu treten und – wie man so schön sagt – »die Seele baumeln zu lassen«. Konnte ich, der ich viele Filme über empfindsame Künstler gemacht hatte, das eigentlich: »meine Seele baumeln lassen«? Kannte ich die Grenzen meiner Belastbarkeit oder lebte ich nicht doch oft nach der Maxime: Es wird schon gehen, das muss jetzt durchgezogen werden, ausruhen kann ich später noch? Wie viel wusste ich eigentlich über das geheime Zusammenspiel von Körper und Seele, wie und wann reagierten meine Organe auf zu viel psychische Belastung und Stress?

Ich finde es immer noch schwierig, diese Fragen zu beantworten, und stehe damit wohl nicht alleine da. Wir alle – egal ob Banker, Beamter oder Künstler – leben heute in einer Leistungsgesellschaft, die uns ständig viel abverlangt. Schnell kann man abgehängt werden, aus dem Karussell ausscheiden, zum Verlierer und Außenseiter werden. Für mich, der ich selbstständig am Rande des Kulturbetriebes arbeite, ist diese Gefahr nicht so groß wie für jemanden, der in eine Institution eingespannt ist. Aber dennoch bin ich bei zahlreichen Filmprojekten bis zum äußersten Limit gegangen und habe danach Phasen großer Erschöpfung und auch längerer Krankheit erlebt. Und gerade weil meine Arbeit mit spirituellen Werten verbunden ist, kam dann oft die Frage auf, warum ich mir all das angetan hatte. Wie konnte ich in Filmen über die Romantik, Rudolf Steiner und Rainer Maria Rilke das Meditative, die Entschleunigung und die Stille preisen, aber selbst zu wenig davon verwirklichen? Hatte ich in den letzten Jahren ein Projekt nach dem anderen verwirklicht, weil ich mich nach immer mehr Anerkennung sehnte? Hatte ich Angst gehabt, durch längere Pausen Zuspruch und Applaus zu verlieren und plötzlich nicht mehr beachtet zu werden? Fürchtete ich, dann in eine Leere zu fallen, in der ich mich nicht mehr wohlfühlte, in der ich sogar das Gefühl für mich selbst gänzlich zu verlieren drohte? Konnte ich eigentlich auch mal nichts tun, um ganz bewusst Zustände von Langeweile und Stillstand zuzulassen und sogar zu genießen? Solche Fragen gingen tief – und ich kann sie bis heute nicht eindeutig beantworten. Ich bekam nur mit, dass viele Freunde darüber staunten, wie viel ich ständig produzierte, und ich wunderte mich auch selber manchmal darüber, wenn es mir auffiel. Aber ich war ja auch voller Ideen, kannte keine Langweile und keine Zustände von fehlender Inspiration. Das berühmte leere Blatt Papier, vor dem manche Schriftsteller oder Maler verzweifeln, weil sie es nicht füllen können, war mir fremd. Ich bin jemand, der sich für viele Dinge interessiert: Kunst, Literatur, Musik, Geschichte, Naturwissenschaften, Archäologie, Psychologie, Mythologie, Religion, Spiritualität, Politik und anderes mehr. Meine Themenfelder berühren alle diese Gebiete, und um gelungene

Filme und Bücher darüber zu machen, muss man sie sorgfältig studieren. Aber obwohl mir dies eigentlich immer gelang, fühlte ich mich oft wie ein rastloser Sucher, der das Eigentliche nie findet und auch nach erfolgreicher Arbeit mit einem Gefühl der Unruhe zurückbleibt. War das meine Bestimmung oder ein Problem, das es zu beheben galt?

In solchen Stimmungen halfen mir manchmal Sätze von berühmten Persönlichkeiten weiter, die ähnliche Empfindungen hatten: Es sei ganz unabhängig, in welchem Beruf man sich verschleiße, so sagte etwa der Bildhauer Joseph Beuys in Andres Veiels Film »Beuys«, aber verschleißen müsse man sich.[57] Das klingt markant und kühn, und Beuys hat sich vor allem in seinen politischen Aktionen vollkommen erschöpft und ist zu früh gestorben. Am Ende hat sich dieser Tausendsassa verzettelt, musste über alles mitreden, wollte auch noch für Parteien kandidieren, was ihm jedoch nur Niederlagen und Demütigungen einbrachte.

Ein weiterer spannender Satz, über den ich oft nachdachte, war das Bekenntnis des Mystikers Thomas von Kempen: »Warum willst du Ruhe haben, da du doch zur Arbeit geboren bist? Mach du dich darauf gefasst, dass du mehr Leiden ausstehen als Tröstungen empfangen, öfter das Kreuz tragen als Freude genießen wirst.«[58] Hier schwingt eine christliche Tönung mit, die das Leben des Mystikers als dornenreichen Opfergang beschreibt, der erst Ruhe im Reich Gottes findet. Wollte ich mich damit identifizieren? Eher nicht, da ich mich nicht als Missionar oder Märtyrer sehe, der das Kreuz der ganzen Welt auf sich nehmen muss, um seiner Bestimmung gerecht zu werden.

Und doch weiß ich bis heute nicht recht zu sagen, wo bei mir die Grenze zwischen einer produktiven und einer eher selbstzerstörerischen Unruhe verläuft – und wie ich sie genauer wahrnehmen und regulieren kann. In Berufen, die keinen festen Dienstschluss kennen, muss diese Grenze immer neu bestimmt werden, das gehört mit zum Risiko dieser Art von Tätigkeiten. Bei mir kommt dazu, dass ich in meinen Projekten starke Gegensatzspannungen auszuhalten und zu bewältigen habe. Oft waren Vermittlungsleistungen zwischen weit gespannten Extremen gefragt, zwischen aktueller Gegenwart und fernster Vergangenheit, Rationalität und Mystik, Naturwissenschaft und Kunst, Verstand und Gefühl, begrifflichem und bildhaftem Erzählen. Um eine gute Arbeit zu machen, musste ich diese Spannungen tief in mich hineinlassen und starke Konflikte aushalten, etwa auch im Kontakt mit den Erben berühmter Persönlichkeiten, wie bei meinen Filmen über C. G. Jung und Joseph Beuys. Das war mitunter sehr erschöpfend und hat mich gelegentlich auch an die Grenzen meiner Kräfte gebracht. Als ich vor vielen Jahren Theodor W. Adornos großartiges Buch über Gustav Mahler las, sprang mir auf der Rückseite des Einbandes Mahlers Ausspruch ins Auge: »Andere pflegen sich und ruinieren das Theater. Ich pflege das Theater und ruiniere mich.«[59] Der Satz gefiel mir, aber ich erschrak auch, weil ich spürte, dass er viel mit mir zu tun hat. Ich bin insofern ein Perfektionist, als ich nicht eher ruhe, bis das optimale Ergebnis erzielt wurde, was bei meinen begrenzten Filmbudgets oft einen hohen Druck erzeugen kann. Dazu kommt, dass ich eher ein Suchender und Getriebener bin als ein Wissender oder Erleuchteter. Ein Getriebener im Sinne von Neugier, vielseitigem Interesse, auch von ständigen Zweifeln darüber, ob meine Wahrnehmung die richtige ist, also eher ein westlicher »faustischer« als ein östlich abgeklärter Mensch. Spirituelle oder ästhetische Einsichten allein sind mir nie genug, alles oder vieles muss bei mir auch durch das Korrektiv der Wissenschaft und Philosophie laufen, um als eine stimmige Wahrheit bestehen zu können. Manche Bekannte aus spirituellen Kreisen sagen gelegentlich zu mir, dass ich noch zu viel »Esoterikangst« hätte. Sie meinen damit, dass ich mich nicht genug hingebe an die »geistig-göttliche Welt«, sondern mich durch zu viel Intellektualität und kritisches Nachfragen innerlich aufreibe. Das mag durchaus sein, aber ich spüre, dass mir ein einfaches und naives Glauben nicht möglich ist. Gehe ich also vielleicht doch den von Thomas von Kempen zuvor beschriebenen Dornen- und Kreuzweg?

Da ich einen sowohl aufreibenden wie auch beglückenden Beruf habe, fällt es mir oft schwer, mich so zu erholen wie vielleicht andere. Einen Feierabend gibt es nicht und gut gemeinte Sätze wie »Gönn dir eine Auszeit« helfen wenig, weil mein Kopf sich fast ständig mit den Projekten beschäftigt, die mich gerade faszinieren. Gerade meine große Begeisterungskraft, die Vielfalt der Interessen und die Intensität meines Forschens erschweren oft richtige Erholungspausen im herkömmlichen Sinn. Bestünde die Lösung des Problems darin, einzusehen, dass vielleicht meine Arbeit selbst schon eine Form der »Regeneration« ist, da sie ja selbstbestimmt und auch ein ständiger Prozess alchemistischer Verwandlung und Heilung ist? Schließlich kann ich aus Bruchstücken kreativ neue Gestalten zusammensetzen, die schön und sinnstiftend sind, aus dunklen Seiten lichtvolle hervorzaubern, aus ganz einfachen Elementen manchmal das erschaffen, was der Dichter Pablo Neruda den »großen Gesang« (»Canto General«) genannt hat. Wurde ich vielleicht deswegen trotz mancher Erschöpfung bislang von wirklich bedrohlichen Krankheiten und tiefen Lebenskrisen verschont? Und gehörten nicht Verausgabung und eine gewisse »Unvernunft« zum »großen Gesang« dazu, die am Ende von dessen beglückendem Schwung auch wieder kompensiert werden können?

All das ist sicher richtig, aber ich werde auch älter und stelle fest, dass ich nicht mehr so leistungsfähig bin wie vor zwanzig Jahren. Vielleicht bedeutet das Geheimnis der Regeneration für mich auch, diesen Prozess des Älterwerdens noch besser anzunehmen und nicht ein altes Bild von mir vor mir herzutragen, das heute nicht mehr gilt. Dazu half mir vor einiger Zeit der Titel eines in den 1980er Jahren erschienenen Buches, der mich auf unverhoffte Weise stark berührte: »Die Entdeckung der Langsamkeit« von Sten Nadolny. Ich hatte es zufällig entdeckt und es war nicht sein Inhalt, sondern die Kraft seines Titels, der in mir eine neue Saite zum Schwingen brachte. Auf einmal klang im Konzert meiner inneren Stimmen noch eine Basssaite mit, deren tiefen, schönen und vollen Klang ich vorher so nicht gehört hatte. Sie grundierte mit stabilem Wohlklang das Geflecht der anderen vielfach miteinander verzweigten und vorauseilenden Stimmen und gab ihnen eine feste Basis. Auf diese neue Saite besser zu hören bedeutete, öfter mal innezuhalten und mich in einer zufriedenen Rückschau an dem zu erfreuen, was ich schon alles auf die Beine gestellt habe. Bei all meinen Fähigkeiten entdeckte ich auch ein gewisses Unvermögen in mir, auch mal anzuhalten, zu verlangsamen, eine gesunde Erdung in dem zu finden, was schon alles da war. Ich begriff, dass ich nicht jeder neuen Idee automatisch nachzueilen hatte, sondern auch mal ein Stück Leere und Stillstand zulassen konnte, die nicht sofort gefüllt werden mussten. Vielleicht war das, was durch den Titel eines unbekannten Romans in mir angestoßen wurde, ein guter Impuls, den es weiter zu verfolgen galt: meine angeborene Neugier und Begeisterungsfähigkeit auszudehnen auf den Kontinent der »Langsamkeit«, auf dem bestimmt auch spannende Dinge zu entdecken waren. Es wird sich zeigen, ob ich genug Kraft und Ausdauer zu dieser neuen Forschungsexpedition habe, aber der Romantitel wurde zumindest ein neues inspirierendes Mantra für mich. Es führt nicht zu Passivität oder Trägheit, sondern zu noch tieferen Erfahrungsräumen und einer größeren inneren Ruhe, die für mich heute sicher zum Geheimnis einer noch besseren Regenerationskraft dazugehört.

WAS KOMMT NACH DEM TOD?

Irgendwann in unserem Leben geht unsere Regenerationskraft zu Ende und wir müssen alle sterben. Daran führt kein Weg vorbei, egal wie »spirituell« wir uns fühlen. Auch Menschen, die fest von Seelenwanderung und Reinkarnation überzeugt sind, gehen nicht unbedingt froh und gelassen in den Tod, jedenfalls habe ich noch keinen getroffen, der so auf mich wirkte. Nur einmal in meinem Leben habe ich bisher das Sterben eines mir nahestehenden Menschen hautnah miterlebt. Nach einem langen, von Unfällen, Alkohol- und Tablettensucht bestimmten Leidensweg kam meine Mutter mit heftigen Beschwerden auf eine Intensivstation und wir wurden bald informiert, dass es mit ihr zu Ende ginge. Zahlreiche ernsthafte Entzündungen hatten sich in ihrem ohnehin schon geschwächten Körper ausgebreitet, der nicht mehr in der Lage war, diesen entgegenzuwirken. Als ich mit meinem Vater und meiner Schwester auf der Intensivstation eintraf, lag meine Mutter bereits im Koma und nur verschiedene Monitore über ihrem Kopf signalisierten noch letzte Lebenszeichen. Es war hart, die hin und her schwankenden Zahlenwerte anzuschauen, die ihren Blutdruck, den Puls und die Herzaktivität anzeigten. Wie ein unruhiger Tanz stiegen sie auf und fielen wieder ab und zwar auf eine völlig unvorhersehbare Art und Weise. Mal nahmen sie zu, sodass man Hoffnung schöpfte, aber dann fielen sie stark ab, fingen sich wieder, begannen langsam zu steigen und stürzten dann wieder ab, als ob die Kraft für stabile Werte nicht mehr reichte. Es war, als ob sich etwas im Körper meiner Mutter gegen den Tod aufbäumte, das aber dennoch von Minute zu Minute immer schwächer wurde. War das alles bloße Chemie oder deuteten die Linien auf das hin, was frühere Zeiten einmal »Lebenskraft« genannt hatten, womit ja auch immer seelische Faktoren gemeint waren? Drückte sich in dem Auf und Ab eine Unentschiedenheit im Geist meiner Mutter aus, die unsichere Frage, ob es noch lohnte, ihre Körperfunktionen weiter am Leben zu erhalten?

Es war beklemmend, diesem wilden Tanz etwa eine halbe Stunde lang zusehen zu müssen, aber dann gingen die Kurven gegen null und eine bedrückte Stimmung machte sich im Raum breit. Eine Ärztin kam herein und schaute auf die Messinstrumente. »Wird meine Frau sterben?«, fragte mein Vater mit schwacher Stimme und sie antwortete: »Ja, Ihre Frau wird sterben.« »Das ist ja furchtbar«, sagte mein Vater. »Ja, das ist furchtbar«, erwiderte die Ärztin und begann, die Geräte eines nach dem anderen auszuschalten. Bis heute habe ich die Knipsgeräusche der Schalter im Ohr, die die Monitore zum Erlöschen brachten. Betroffen schauten wir auf meine Mutter, deren Haut sich wegen der starken Medikamente gelb zu färben begonnen hatte. Nach einer Weile stand ich auf, ging zu ihr hin und nahm ihre Hand. Sie fühlte sich kalt an und anders als sonst, eher wie ein Stück Leder als wie lebendige Haut. Während meine Schwester zu weinen begann und mein Vater in sich zusammensackte, gingen mir seltsame Bilder durch den Kopf. Durch den Eindruck der gelben und irgendwie ledernen Haut erschien mir der Körper meiner Mutter wie eine Hülle, in der sich nichts mehr von dem befand, was man vorher ihre »Persönlichkeit« genannt hatte. Diese Hülle wirkte auf mich wie ein verlorener Handschuh, der auf dem Boden eines Parks lag, aber dessen Besitzer schon lange gegangen war. Das, was früher im Lachen meiner Mutter aufgeblitzt war oder in ihrem Weinen mitgeklungen hatte, ihr unglaubliches Erinnerungsvermögen noch in den letzten Wochen, ihr trockener Humor: All das war jetzt nicht mehr hier in diesem Raum, das spürte ich ganz deutlich und es fiel mir schwer, es als reine Folge der chemischen Abbauprozesse zu sehen, die vor einigen Minuten erloschen waren. Meine Mutter war zwar jetzt tot, aber sie wirkte mit ihren roten Haaren wie eine Königin, die nicht auf einem Sterbebett lag, sondern auf einem Schiff, das sie irgendwo hintrug, wohin wir ihr nicht folgen konnten. Ihr Körper wirkte nicht abstoßend, sondern eher majestätisch, als wolle er zu der Seele, die entwichen war, sagen: »Ich gebe dich nun frei, flieg, wohin immer du willst, und erlebe dort neue Abenteuer ohne mich. Ich werde dir nicht gram sein deswegen, wir hatten eine gute Zeit, aber gehen jetzt getrennte Wege.«

Diese Vorstellungen in meinem Kopf erzeugten eine seltsame Ruhe in mir, während meine Schwester und mein Vater von Trauer übermannt wurden: die Schwester mit heftigen Tränen und der Vater in einer fast leblosen Erstarrung, die sich erst löste, als wir ihn am Arm nahmen, um gemeinsam den Raum zu verlassen. Dabei spürte ich, dass ich mit ihnen nicht über die Bilder und Emotionen in meinem Kopf sprechen konnte; ich war mir ja auch gar nicht sicher, ob ihnen irgendetwas Reales entsprach oder sie nur Fantasien waren, um meine Verzweiflung, die auch ich verspürte, in andere Bahnen zu lenken. Doch die Tage bis zur Beerdigung blieben angefüllt mit der merkwürdigen Erinnerung an dieses Entwichene und Weggeflogene, dem Staunen über eine bloß stoffliche Hülle, die wirkte, als hätte sie etwas freigegeben und auf eine neue Reise geschickt. Das änderte sich bei der Bestattung, bei der neben meinem Vater, meiner Schwester und mir nur ein Pfarrer anwesend war, der berührende Verse des Predigers Salomo aus dem Alten Testament vorlas:

»Ein jegliches hat seine Zeit, und alles Vorhaben unter dem Himmel hat seine Stunde: Geboren werden hat seine Zeit, sterben hat seine Zeit; pflanzen hat seine Zeit, ausreißen, was gepflanzt ist, hat seine Zeit; (…) klagen hat seine Zeit, tanzen hat seine Zeit. Steine wegwerfen hat seine Zeit, Steine sammeln hat seine Zeit; herzen hat seine Zeit, aufhören zu herzen hat seine Zeit; (…) schweigen hat seine Zeit, reden hat seine Zeit; lieben hat seine Zeit, hassen hat seine Zeit; Streit hat seine Zeit, Friede hat seine Zeit.«[60]

Es war ein schöner Sommertag und ein sanfter Wind strich durch die großen Eichen, unter denen das Grab lag, in das nun der Sarg meiner Mutter gesenkt wurde. Die Verse halfen uns bei dem, was beim Todesfall eines nahen Angehörigen das Allerschwerste ist: beim Loslassen. Wir fühlten, wie die Lebenszeit dieses Menschen nun doch auf eine ganz natürliche Weise zu Ende gegangen war. Zwar hätte meine schwer kranke Mutter vielleicht doch noch länger leben können, aber sie hatte auch »ihr Leben gehabt«, wie man so schön sagt, und es machte keinen Sinn, irgendetwas anderes einzufordern. So wie der Wind in den Bäumen und die Wolken über uns kamen und gingen, so war es jetzt Zeit, auch dieses Leben gehen zu lassen. Ich dachte wieder an das Bild der Hülle, aus der scheinbar etwas Immaterielles entwichen war, aber der ruhige Gleichklang der Bibelverse machte für mich auch einen tiefen Sinn. Ich spürte, dass sie das tatsächliche Geschehen um uns herum zunächst einmal besser abbildeten als meine Vision in der Intensivstation. Ich hatte ja gar keine Gewissheit darüber, ob die Seele eines Menschen sich wirklich vom Leib lösen kann, aber fühlte deutlich, wie wohltuend und weise die Verse des Predigers Salomo in diesem Moment waren. Auch mein Vater und meine Schwester wurden von ihnen beruhigt und sie klangen noch Stunden nach der Bestattung in unseren Köpfen nach.

Was kommt nach dem Tod? Auch nach dem Ableben meiner Mutter dachte ich viel über diese Frage nach, aber ich weiß nicht, ob ich heute klüger bin als am Tage ihrer Beerdigung. Auch die Erinnerung des Predigers Salomo daran, dass alles seine Zeit hat, war ja nicht das letzte Wort der Bibel zum Tod: Sowohl Juden als auch Christen sind überzeugt von der Unsterblichkeit der Seele, die nach ihrem Aufenthalt im irdischleiblichen »Haus« zu Gott in den Himmel auffahren wird. Jesus Christus, so erzählt uns das Neue Testament, soll sein Grab verlassen haben und zu seinem Vater aufgestiegen sein, was auch für die Christen bedeutet, dass es nach dem Tod in irgendeiner Form weitergeht. Es gibt in der Bibel Bilder vom Jüngsten Gericht, wo geprüft wird, ob wir würdig genug sind, in den Himmel aufzufahren, oder wegen unserer Sünden in die Hölle kommen. Doch ich muss zugeben, dass ich mit diesen Vorstellungen nie viel anfangen konnte und sie mir daher auch nicht weiterhalfen, den Tod meiner Mutter zu bewältigen oder mir sinnvolle Bilder für mein eigenes Ende zu geben. Daher habe ich neben den christlichen noch viele andere spirituelle Traditionen befragt, was sie über das eventuelle Fortleben unserer Seele sagen. Ich las entsprechende Schriften vom Dalai Lama, aus Tibet und Indien, studierte den Schamanismus und den Ahnenkult indigener Völker oder die Seelenwanderungslehre von Platon.[61] Ich besuchte in Ägypten das Tal der Könige, wo ich durch endlose unterirdische Grabanlagen streifte, an deren Wänden fantastische Gemälde den Weg der Verstorbenen durch die Unterwelt darstellen. Ich studierte das altägyptische Totenbuch, eine Sammlung von Sprüchen und Gebeten, die jedem mit ins Grab gegeben wurde, um ihn ins Jenseits zu begleiten, und staunte über den Kommentar des Ägyptologen Erik Hornung dazu: »Diese Totensprüche spiegeln die lebendige Seele der Menschen des 2. Jahrtausends vor Christus und wir haben seitdem nicht viel dazugelernt. An der dunklen Mauer des Todes hat all unser Wissen und Können immer noch ein Ende, und niemand kann uns sagen, ob wir in diesen Sprüchen durch einen Spalt der Mauer blicken.«[62] Gestand der renommierte Forscher den alten Ägyptern zu, dass sie nicht nur Fantasieprodukte auf ihren Grabwänden abgebildet hatten, sondern wirklich Erschautes und Erlebtes? Wie konnte das sein, wo doch noch nie einer aus dem Totenreich zu uns zurückgekehrt ist? Können wir wirklich beurteilen, ob sich eine Seele nach dem Tod vom Körper lösen und ein davon unabhängiges Leben beginnen kann?

In späteren Jahren beschäftigte ich mich auch mit der sogenannten Nahtodforschung und sprach sogar mit Menschen, die selber eine solche Erfahrung gemacht hatten. Sie berichteten mir von Zuständen, in denen sie sich angeblich von ihren Körpern gelöst hätten und frei über ihnen geschwebt seien, etwa bei Autounfällen oder Operationen. Obwohl sie dabei schwer verletzt waren oder im Koma lagen, wollten sie gleichsam von oben Beobachtungen gemacht haben, die Zeugen später als richtig bestätigten. Forscher, die solche Aussagen genau überprüften, kamen immerhin zu dem Ergebnis, dass man viele solcher Beobachtungen aufgrund ihrer erstaunlichen Präzision kaum als Halluzinationen erklären kann. Man konnte oft ausschließen, dass sie mit den herkömmlichen Sinnesorganen gemacht wurden, da diese abgedeckt oder im Zustand eines vorübergehenden Hirntodes außer Funktion waren.[63] Aber waren das schon Beweise für ein echtes Jenseits, wo doch die Patienten nicht wirklich gestorben, sondern nach kurzer Zeit wieder zurückgekehrt waren? Sie hatten doch bestenfalls an der Grenze zum Tod einen kurzen Blick hinüberwerfen können. Was mich etwas skeptisch machte, war ihre verklärende Beschreibung einer jenseitigen Welt, in der immer ein warmes, goldenes Licht auf uns warte, das tiefes Verständnis und allumfassende Liebe ausstrahle. War das nicht vielleicht auch durch allzu irdische Sehnsüchte eingefärbt und von der christlichen Annahme eines Gottes, der uns nach dem Tod liebevoll empfängt? Warum sollte ein Reich jenseits des Todes nur in den lichten Farben gemalt sein, die uns auch im Leben am besten gefallen? War es nicht möglich, dass uns dort etwas Fremdes, gar nicht in Worten Beschreibbares empfing, ein vollkommen unbekanntes Reich, das wir uns in diesem Leben gar nicht vorstellen können?

Interessant fand ich die Tatsache, dass Menschen mit Nahtoderfahrung nie von weiteren Inkarnationen sprechen, wie es etwa Buddhisten, Hindus oder Anthroposophen tun. Rudolf Steiner dagegen war sich ganz sicher, dass unser »Ich« nach dem Tod neue Inkarnationen erleben wird. Er berichtete in seinem Werk selbstbewusst vom früheren Erdenleben etwa des Komponisten Franz Schubert, der einst eine »maurische Persönlichkeit« in Spanien gewesen sein soll, oder des Biologen Ernst Haeckel, den er als eine Inkarnation von Papst Gregor VII. ansah.[64] Wie vage und spekulativ jedoch seine karmischen Herleitungen auf mich wirkten, vermag folgendes Beispiel zu verdeutlichen: Nach seinem Besuch der Burgruine von Tintagel im August 1924, die Steiner für die Wirkungsstätte von König Artus und seinen Tafelrittern hielt, behauptete er, dass der Maler Arnold Böcklin die Inkarnation eines solchen Ritters gewesen sei. Der Begründer der Anthroposophie hatte von der über dem Meer liegenden Burg aus das Spiel der Wellen im Sonnenlicht beobachtet und war tief fasziniert davon gewesen. Auch die Ritter der Tafelrunde – so Steiner – hätten das so empfunden und in den dort webenden Elementarkräften von Luft, Licht, Wasser und Erde Boten kosmischer Kräfte gesehen. Vor allem einer von ihnen »hatte einen besonders eindringlichen Blick (…) dafür, wie die geistigen Wesenheiten in diesen kräuselnden Wellen heraufrollen, mit ihren für irdischen Anblick grotesken Gestalten, er hatte einen wunderbaren Blick für die Art und Weise, wie diese herrlich reine Sonnenwirkung mit der übrigen Natur zusammenspielte (…) dieser Ritter der Tafelrunde des Artus ist wiedergeboren als Arnold Böcklin«.[65]

Auch ich war in Tintagel beeindruckt von der spektakulären Naturkulisse gewesen und kenne Böcklins Gemälde von

Najaden und Nymphen gut, die im aufgewühlten Meer spielen. Dieser Maler konnte tatsächlich besonders effektiv das Glitzern des Lichtes auf den bewegten Wellen malen und liebte es, mythologische Motive in seine Kunst einzubauen. Aber konnte man deshalb eine Inkarnationslinie zwischen Böcklin und den Artusrittern ziehen, zumal es keine Belege dafür gibt, dass Tintagel wirklich der Sitz eines König Artus war, von dem noch nicht einmal sicher ist, ob er jemals gelebt hat?[66] Obwohl ich viel von Steiner über Reinkarnation gelesen hatte, blieben dies für mich doch letztlich spekulative Gedankenspiele, die ich weder bestätigen noch widerlegen konnte. Es kamen eher erstaunte Fragen auf: Woher wusste Steiner das alles so genau? Wie konnte er diese Thesen mit einer so großen Sicherheit verbreiten? Warum hatte keiner seiner Nachfolger ähnliche Erlebnisse gehabt? Konnte ich Steiners »Schauungen« einfach glauben, auch wenn sie mit meinen Erfahrungen nicht übereinstimmten? Anthroposophen erwiderten auf solche Fragen, dass meine übersinnliche Wahrnehmung noch nicht weit genug entwickelt sei, aber auch keiner von denen, die ich traf, konnte mir glaubhaft eine solche Entwicklung nachweisen.

Auf welche echten Erfahrungen konnte ich mich also bei der Frage beziehen, wie es mit uns nach dem Tod weitergeht?

Ich hatte den toten Körper meiner Mutter wie eine leere Hülle empfunden, aus der etwas entwichen war, aber stimmte diese Empfindung überhaupt und wenn ja, was war dieses Etwas? Auch bei jedem lebenden Menschen, der uns gegenübertritt, fühlen wir hinter seiner Mimik, seinen Bewegungen und seinem Sprechen etwas, das eine andere Qualität zu haben scheint als die bloße stoffliche Vorderseite. Der uns leibhaftig Gegenüberstehende wird als eine Verkörperung von etwas Geistig-Seelischem empfunden, das im Unsichtbaren zu liegen scheint und von Regungen des Körpers erst sichtbar gemacht wird. Wir sprechen von der »Ausstrahlung« eines Menschen, womit ja nicht nur physisch messbare Größen gemeint sind, sondern – wie es der Begriff sagt – etwas durchaus Spirituelles. Etwas, das sich eigentlich nicht greifen und nur unzureichend in Worte fassen lässt, strahlt durch die physische Vorderseite hindurch: Es scheint aus einem Hintergrundbereich zu kommen, den wir die »Persönlichkeit« oder das »Wesen« dieses Menschen nennen. Wenn er tot vor uns liegt, ist dieses Etwas nicht mehr da; das, was der Leib zu Lebzeiten verkörpert hat, ist nun auf irritierende Weise verschwunden und viele von uns scheuen sich, dieses Etwas nur mit einem nüchternen Begriff wie »neuronale Aktivität« zu beschreiben.

Doch ist der romantisch getönte Begriff »Seele« eine genaue Beschreibung für das, was verschwunden ist, und können wir überhaupt mit Sicherheit sagen, dass sich etwas Nichtstoffliches vom Körper abgelöst hat? Weil die spirituellen Traditionen, die ich dazu konsultierte, mir keine Gewissheit darüber geben konnten, befragte ich mich selbst: Konnte ich denn auf irgendeine echte Erfahrung zurückgreifen, die die Möglichkeit eines vom Körper unabhängigen Seelenlebens plausibel macht, oder hatte ich so etwas nur bei anderen gelesen? Mir waren Zustände bei intensiver schöpferischer Arbeit geläufig, in denen ich mich so verschmolzen mit einer Sache fühlte, dass ich meinen Körper kaum mehr spürte. Ich war dann in den von der Wissenschaft »Flow« genannten Zustand geraten, aber meine Seele blieb doch dabei an den Körper und seine Empfindungen gebunden. Wir benutzen manchmal den Ausdruck »Ekstase« und meinen damit, dass wir bei bestimmten intensiven Erfahrungen außer uns geraten, oder wir sprechen vom »Abheben«, wenn wir extreme Gefühle von Glück und Euphorie erleben. Aber findet das nicht nur in unserem Kopf statt und die Worte bezeichnen nur eine bestimmte Empfindung oder Fantasie statt einer echten außerkörperlichen Erfahrung? Woher wusste ich denn, dass Schamanen oder Menschen mit Nahtoderfahrungen tatsächlich »Seelenreisen« außerhalb ihres Körpers gemacht und nicht nur innere Erlebnisse wiedergegeben hatten? Wenn ich ganz ehrlich blieb, lösten die vielen Beschreibungen, die ich zum Fortleben der Seele nach dem Tode gelesen hatte, lediglich faszinierende Gedankenspiele in mir aus, die ich jedoch durch keine eigene Erfahrung verifizieren konnte. Und da ehrliches und erfahrungsbasiertes Nachdenken für mich zu einer »Spiritualität des Alltags« dazugehört, musste ich auch hier die Frage offenlassen, ob uns nach unserem Ableben noch eine andere Existenzform erwartet oder nicht.

Haben also unsere Mediziner und Neurowissenschaftler recht, die davon ausgehen, dass mit dem Erlöschen unserer körperlichen auch die geistig-seelischen Funktionen zu einem Ende kommen? Auch sie waren ja noch nicht »drüben« gewesen, aber sie können zumindest beschreiben, was physiologisch nach dem Ableben geschieht. Ich wollte solche Fakten erst einmal zur Kenntnis nehmen und befragte daher einen Pathologen, was mit unserem Körper nach dem Tode geschieht: Er besteht aus 50 Prozent Wasser, 15 Prozent Knochen und 35 Eiweißen, Fetten und Kohlenhydraten, die unsere Zellen bilden, die sich nach dem Tod langsam auflösen. Dabei werden sie durchlässig, das flüssige Innere tritt hervor und ein Fäulnisprozess beginnt, der nach etwa einem halben Jahr in die eigentliche Verwesungsphase übergeht. Bakterien profitieren davon, da sie organische Substanzen aufnehmen und daraus Eiweiße für ihren eigenen Stoffwechsel erhalten können. Darmbakterien, die zu Lebzeiten unsere Nahrung verarbeitet haben, verdauen nun den Körper selbst; sie wandern über die Blutbahnen in unser Gehirn, in Muskeln und Organe, was die Körpertemperatur und die Aktivität des Zerfalls erhöht. In der Folge entstehen Gase, die langsam die Fäulnisflüssigkeiten aus dem Körper heraustreiben, während Fliegen ihre Eier in die Gewebereste legen, aus denen Maden entstehen, die sich weiter durch die Haut fressen. Der gesamte Prozess der Verwesung dauert nach der Einsicht der Pathologen etwa zehn Jahre, nach denen nur noch Großknochen im Grab zu finden sind.

War das das letzte Wort über meinen Tod? Ich war zumindest überrascht, dass ich bei der Lektüre dieser Fakten nicht von Gefühlen der Abwehr oder des Ekels übermannt wurde. Ich lebte die ganzen Prozesse in einer fast ruhigen und neutralen Seelenstimmung mit, als würde ich den Auflösungsvorgang selber mitvollziehen. Ich staunte darüber, wie mein Zerfall der Ernährung anderer Lebewesen diente, und konnte nichts Anstößiges daran finden, dass sich mein Körper am Ende vollständig in das Erdreich und seine Mikroorganismen auflöst. Hatte ich nicht in meinen Filmen und Büchern oft eine ganzheitliche Betrachtungsweise gefordert, die erkennt, dass alles mit allem zusammenhängt? Hatte ich nicht das »wilde Denken« indigener Kulturen bewundert, die wissen, dass in der Natur immer eines das andere bedingt, unterstützt und ergänzt? Nun war ich eben auch selbst verbunden mit den kleinsten, im Alltag übersehenen Lebensformen, die schon darauf warteten, von meinem Zerfall zu profitieren.

Während dieser Erlebnisse fehlten mir die Ideen von Reinkarnation oder christlicher Auferstehung nicht und auch nicht das göttliche Liebeslicht, das einen angeblich während einer Nahtoderfahrung empfängt. Ich konnte mich mehr und mehr mit dem Gedanken anfreunden, dass tatsächlich nach meinem Tod alles, sowohl mein Körper als auch das, was wir »Seele« nennen, zu einem Ende kommt und sich im Erdreich auflöst. Das, was für Christen, Buddhisten und Anthroposophen eher eine Zumutung wäre, schien mir bei unserem jetzigen Wissensstand eine realistische Möglichkeit zu sein, die ich gut annehmen konnte. Die Vision, mit meinen Körpersäften dann auch die Erde und ihre Mikroorganismen zu ernähren, von denen ich ja profitiert hatte, besaß sogar eine gewisse Schönheit. Ich konnte am Ende noch etwas zurückgeben, trug mit meinem Tod zum Leben anderer Organismen bei, die den großen Haushalt der Natur weiter am Leben hielten.

Allerdings erlaubte ich mir eine kleine spekulative Erweiterung der nüchternen Auflösungsprozesse, die die Pathologen erforscht haben. Ich fragte mich, ob die immaterielle Substanz, die wir zu Lebzeiten »Seele«, »Geist« oder »Bewusstsein« nennen, nicht vielleicht bis in alle Atome unseres Körpers hineinreicht und dann eventuell mit ihnen ins Erdreich eingehen könnte. Da war sie wieder, die Grundsatzfrage, die vor mir schon viele Denker beschäftigt hatte: Hing unsere »Seele« unauflöslich mit unserem Leib zusammen oder besaß sie auch ein Eigenleben unabhängig von ihm? Die Antwort der modernen Naturwissenschaft ist sonnenklar: Das, was wir »Seele« oder »Geist« nennen, ist ein Produkt der physiologischen Vorgänge in unserem Gehirn und muss daher mit dessen Ableben auch zwangsläufig verschwinden. Der leblose, erkaltete und irgendwann zerfallende Körper gibt uns keine Hinweise dafür, dass in ihm noch irgendeine mentale Aktivität vorhanden ist. Doch wie eng und auf welche Weise waren mein Geist und mein Leib denn miteinander verbunden? Konnte ich ausschließen, dass zusammen mit den Säften meines Körpers auch letzte, gleichsam schlafende Reste von geistig-seelischen Energien in die Erde flossen und sich dann in ebenso ihr verteilten wie meine Moleküle? Gab es überhaupt so etwas wie »tote Materie« oder blieb sie bis zur letzten Auflösung lebendig und beseelt, auch wenn der äußere Anschein das nicht mehr widerspiegelte? Warum sollte nicht das, was wir zu Lebzeiten »Geist« und »Seele« genannt hatten, während des Zerfallsprozesses ebenfalls in Bakterien, Wurzeln, Pilze und Keime übergehen und Pflanzen, Bäume und Tiere miternähren, in denen dann auch noch ein Hauch meiner Lebensenergien fortlebte?

Aber bei diesen Überlegungen hörte ich sofort kritische Gegenfragen: Können sich denn unser »Geist« und unsere »Seele« auf dieselbe Art atomisieren wie unser Körper? Hatten wir nicht vor dem Tod ein ausgeprägtes Ich-Bewusstsein, ein Gefühl für die Einheit unserer Person, das doch nicht einfach so in Millionen Partikel zerfließen konnte wie das Gewebe unseres Leibes? Dazu fiel mir ein, dass viele Völker dieser Erde ein solches exponiertes Ich-Bewusstsein gar nicht kennen, etwa indigene Gesellschaften oder fernöstliche Kulturen, die vom Buddhismus und Hinduismus geprägt sind. Vor allem die Europäer sind stolz auf ihr »Ich« und die Abgrenzungen, die es gegenüber der Umwelt leisten kann, was ihnen auch ermöglichte, mit der Natur so ausbeuterisch umzugehen. Aber besaß mein »Ich« wirklich eine derart abgegrenzte und einheitliche Form? Bestand es nicht in Wirklichkeit aus vielen widersprüchlichen Facetten, aus Tausenden von Gedanken, Emotionen und Wahrnehmungssplittern, die sich ständig neu miteinander verknüpften, ohne dass immer ein strenger Regent darüber wachte? Und konnte ich nicht schon zu Lebzeiten empathisch »hinüberfließen« in andere Lebensformen, in einen anderen Menschen, in ein Tier oder in einen Baum? Trug ich nicht all das auch in mir und war daher mein Ich-Bewusstsein nicht eher ein unendlich ausgedehnter Kosmos als eine klar umrissene Form? Hatte dessen »Gestalt« nicht mehr mit dem Element des Flüssigen, das sich zu vorübergehenden Mustern verdichtet, als mit einem unverrückbaren Zentrum oder einem festen Kern zu tun?

Zu meiner Überraschung entdeckte ich in der Zeit, als ich an diesem Kapitel arbeitete, den Aufsatz eines Prähistorikers, der einen spannenden Erklärungsansatz zum Verständnis von 5000 Jahre alten europäischen Bestattungsriten vorschlug. Der renommierte britische Archäologe Colin Richards, der auch bei der Erforschung von Stonehenge mitarbeitet, hatte herausgefunden, dass die Innenseiten vieler neolithischer Ganggräber künstlich aufgeraut worden waren und dass darin gefundene Äxte, Töpfe und Steinkugeln eine polierte Oberfläche besaßen, die zum Tasten und Befühlen einlud. Er deutete beides als Versuch, feste Dinge mit einer hautähnlichen Membran zu versehen, die sie durchlässiger für andere machen sollte. Dazu kamen Belege dafür, dass man die in Tücher gehüllten Toten wohl in aufrechter Sitzhaltung an die Grabwände gelehnt hatte, wodurch ihre Körper in direkten Kontakt mit dem Stein kamen. Diese Merkmale weisen für Richards darauf hin, dass man in Phänomenen wie Tod und Zerfall damals nichts Schlimmes sah, sondern den Beginn von etwas Neuem, nämlich die Ermöglichung von gegenseitigem Austausch. Vor 5000 Jahren – so der Archäologe – hätten die Menschen die Wirklichkeit als eine Welt flüssiger Beziehungen betrachtet, in der nichts stabil und statisch war. Für die Erbauer der Megalithanlagen versickerten die Körpersäfte der Toten nicht einfach folgenlos in der Erde, sondern sie drangen in die durchlässige »Haut« der Grabbeigaben und Steinwände ein, um ein Teil von ihnen zu werden. Dadurch seien die Hügelgräber zu mehr geworden als zu bloßen Containern für Verstorbene, nämlich zu werdenden »Organismen«, die sich vom Fleisch der Toten ernährt hätten. Die Megalithanlagen und die sie umgebende Landschaft seien so weitergewachsen wie Lebewesen und die Substanz der Toten habe dabei unentwegt mitgeholfen.[67]

Als ich diese Deutungen das erste Mal las, war ich sehr berührt davon; ich wurde mit einem tief animistischen Weltbild konfrontiert, in dem es eigentlich gar keine »tote Materie« gibt. Alles wurde hier als beseelt angesehen, auch die Reste der Verstorbenen, die für die damaligen Menschen nicht nur reine Chemie waren, sondern wohl noch Spuren von dem behielten, was wir »Seele« und »Lebensenergie« nennen. Ich dachte wieder an die Beerdigung meiner Mutter und sah vor mir, wie ihr Leib langsam in das ausgehobene

Grab gesenkt wurde. Das Einzige, was sicher war, schien die Tatsache zu sein, dass sich ihr Körper langsam auflösen und mit der Umgebung verschmelzen würde. Die Vermutung, dass sich etwas von ihrer Körperhülle ablöst und zu Gott oder in eine andere Inkarnation schwebt, blieb für mich zwar eine schöne Idee, aber sie verschaffte mir keine wirkliche Befriedigung mehr. Ein animistisches Verständnis jedoch, das in der Atomisierung des Körpers mehr als nur einen chemischen Zerfallsprozess sah, erschien mir wie eine mögliche Erweiterung der naturwissenschaftlichen Fakten. Wieso sollte unser »Fleisch« – wie es auch alte Kulturen glaubten – nicht bis in die letzten Fasern von einem geistig-seelischen Fluidum durchdrungen sein, das auch nach dem Tod seine Wirksamkeit behielt? Vielleicht gab es gar nichts »Totes« unter dem Himmel, vielleicht war dies nur eine Illusion, die unsere westliche Kultur aus irgendwelchen Gründen vor ein paar hundert Jahren ausgebrütet hatte und die sich bei näherem Hinschauen als reine Konstruktion erwies?

Bei meinen Gedankenspielen zu der Frage, was nach dem Tod kommt, merkte ich, dass es darauf ankam, welche Bilder für mich stimmig waren und mit welchen ich mich am besten auf mein Ende vorbereiten konnte. Auch wenn ich andere Optionen nicht ganz ausschließen wollte: Mir gefiel inzwischen die Vorstellung am besten, dass mit dem Zerfall meines »Fleisches« auch damit verbundene Seelenpartikel in die Erde eingehen würden und mithalfen, dort neue Metamorphosen hervorzubringen. Viele innere Bilder stiegen dazu auf: Ich sah, wie Wurzeln im Erdreich nicht nur die chemischen Spurenelemente meines Körpers aufsaugten, sondern auch in ihnen enthaltene feinere Schwingungen, die mithal-

fen, neue Pflanzen aufblühen zu lassen. In die Anmut ihrer Formen und Farben flossen auch Reste meiner Persönlichkeit mit hinein, energetische Ströme meiner »Seele« lebten in diesen Gewächsen weiter und streckten sich mit ihnen der Sonne entgegen, um sich an ihrem Licht und ihrer Wärme zu erfreuen. Andere stoffliche und feinstoffliche Reste von mir wurden von Käfern geschluckt, die wiederum im Magen einer Amsel landeten, die auf dem Baum über meinem Grab eine bezaubernde Melodie sang. War das eine Horrorversion, weil ich nun kein selbstbewusstes und selbstbestimmtes Wesen mehr war, sondern nur noch ein Teil der beseelten Natur um mich herum? War ich denn mehr wert als die nichtmenschlichen Elemente und die Geschöpfe, denen ich doch während meines Lebens so viel zu verdanken hatte? Der von den Bäumen produzierte Sauerstoff hatte mir das Atmen ermöglicht und das CO_2 in meiner Umgebung gebunden, Sonnenwärme und Wasser hatten meine Körperfunktionen aufrechterhalten, Tiere und Pflanzen für meine Ernährung gesorgt und Billionen von Bakterien meine Gesundheit stabilisiert. Bei solchen Vorstellungen begannen Gefühle der Dankbarkeit und Zufriedenheit in mir aufzusteigen, die den Schrecken vor einer totalen Auflösung in den Hintergrund drängten. Das Bild einer großen Friedensvision stieg vor mir auf und löste Empfindungen von Ruhe und Gelassenheit aus; ich spürte, dass nun die Grenzen zwischen mir und der Welt verschwunden waren, die mir zu Lebzeiten auch Schmerzen bereitet hatten. Ich war bereit, in ein größeres Gegenüber einzugehen, um in ihm mitzuschwingen und mitzuklingen, statt nur eine von mir abgelöste »Umwelt« zu sehen. Mir gefiel der Gedanke, dass mein Körper und meine Seele – in welcher Form auch immer –

nach meinem Tod der Erde treu blieben. Sie brauchten nicht in entfernte Jenseitswelten aufzufahren, sondern konnten sich in ihrer irdischen Heimat noch einmal weit ausdehnen und damit fortfahren, auch hier den »Geschmack der Unendlichkeit« weiter zu kosten.

DIE WEISHEIT DER »GROSSEN GÖTTIN«

Für mich gehört das Nachdenken über den Tod und das, was danach kommen mag, unabdingbar zu einer »Spiritualität des Alltags«. Ich habe das Sterben von Familienangehörigen und Freunden miterlebt und denke auch selbst gelegentlich über mein Ende nach. Seit meiner Jugend haben mich solche Fragen interessiert und daher suchte ich in vielen Traditionen nach entsprechenden Antworten. Dabei entfernte ich mich immer weiter von der christlichen Religion meines Kulturkreises, in der das Jenseits als transzendentes Reich eines Vatergottes gesehen wird, der einen nach dem Sterben empfängt. Wie das vorige Kapitel zeigt, wuchs in mir immer mehr das Bedürfnis, nach meinem Tod eher auf irgendeine Weise in das einzugehen, was man »Mutter Erde« oder »Mutter Natur« nennt.

Warum hatte sich das so entwickelt? Stilisierte ich die Natur zu einem weiblichen Wesen hoch, um eine Art Ersatzmutter zu haben, die mich am Ende liebevoll in ihre Arme nimmt? Zweifelsohne hatte mir meine eigene Mutter solche Gefühle kaum geben können, denn sie blieb zeitlebens ein vielfach gedemütigtes und eher schwaches Wesen, das nur wenig Liebe und Wärme zu spenden vermochte. Ihr Vater, ihr Bruder und ihr Ehemann waren patriarchale Gestalten, die Frauen nicht als wirklich gleichwertig ansahen und deren Gefühlswelt kaum ernst nahmen. Darunter litt ich bereits als Kind, da auch ich »weibliche« Seiten hatte, die für meinen Vater, meinen Onkel und meine Großväter nicht zum Tugendkatalog echter Männlichkeit dazugehörten. Alle hatten sie im Krieg die Lektion gelernt, dass man hart werden muss, um im Leben bestehen zu können, was sie an ihre Söhne weiterzugeben versuchten. Ich dagegen war der empfindsame »Künstler«, der ein überreiches Gefühls- und Fantasieleben hatte und auch mal eine Träne vergoss. Damit konnte man etwa bei meinem Onkel nicht punkten, der ein leidenschaftlicher Jäger war und dessen dunkle Wohnungsflure mit vielen stattlichen Hirschgeweihen und Wildschweinköpfen geschmückt waren. Eingeschüchtert schritt ich als Kind durch diese seltsamen Weihehallen und konnte nur mühsam mein Befremden davor verbergen. Obwohl mein Onkel ein begeisterter Waldgänger war, war seine Natur nicht die meine. Er konnte zwar atmosphärisch schildern, wie er mit seinen Jägerkumpanen im Frühnebel auf dem Hochsitz auf einen »Zehnender« wartete, aber nur, um diesen dann mit einem »Blattschuss« abzuschießen. Bis heute erinnere ich mich an das Unbehagen, das ich bei seiner Verwendung dieses Wortes verspürte: Es knallte regelrecht in der Luft, wenn er es aussprach, und ich glaubte dabei das Auseinanderplatzen der Organe und Blutgefäße im Inneren des sterbenden Tieres vor mir zu sehen. Natur schien für den Onkel und seine Jagdfreunde nur eine Kulisse zu sein, um darin bestimmte Bedürfnisse nach Abenteuer und Dominanz auszuleben und einen ausgetüftelten Waffenkult zu betreiben. Die Fachzeitschriften, die zu Hunderten in seinen Regalen standen, enthielten viele Abbildungen von Gewehren, Pistolen, Patronen und Messern, über die er ausführlich und sachkundig reden konnte. Meine Tante verzog sich dabei oft in die Küche, wo sie dem Rotwein mehr zusprach, als ihr guttat. Wenn ich irgendwann auch vom endlosen Jägerlatein genug hatte, ging ich zu ihr hinüber, die dann meist schon etwas wankte und schwankte. Einmal fand ich sie weinend vor, weil sie von ihrem Mann zuvor gedemütigt worden war. Ich tröstete sie und überredete sie, wieder mit ins Wohnzimmer zu kommen, wo uns der Onkel mit dem Satz »Juut Doof kommt wieder« empfing, was so viel meint wie: »Die Doofen kommen doch immer wieder zurück, egal was man mit ihnen angestellt hat.«

Eine ähnliche Beziehung bestand zwischen meinem Vater und meiner Mutter. Mein Vater ging zwar nicht auf die Jagd, aber als ehemaliger Unteroffizier im Zweiten Weltkrieg war auch er aus eher hartem Holz geschnitzt und konnte mit Gefühlen nicht gut umgehen. Unter seiner kühlen und gelegentlich tyrannischen Art litten nicht nur meine Schwester und ich, sondern auch meine Mutter, die im Verlauf der Ehe immer mehr in Depressionen und Alkohol versank. Die Frauen in meiner Familie wirkten auf mich wie wenig ernst genommene, schwache und von den Männern vielleicht sogar heimlich verachtete Gestalten, die dominiert wurden und kaum ein Anrecht auf eigene Gefühle und Gedanken hatten. Daher konnten sie auch für uns Kinder keine wirklichen Vorbilder sein. Oft hatten wir Mitleid und solidarisierten uns heimlich mit ihnen, aber da wir gegenüber den Männern genauso machtlos waren wie sie, blieb diese Solidarität in einem Zirkel von Trauer und Hilflosigkeit gefangen.

War all das auch der Hintergrund meiner Faszination für ein Buch, das mich schon beim ersten Kennenlernen elektrisierte wie kaum ein anderes? Als ich vor über zwanzig Jahren mit dem Fahrrad am Schaufenster eines Berliner Buchladens vorbeifuhr, sprangen mir die Titel zweier großer Bände ins Auge, die mich zum sofortigen Absteigen nötigten. Es waren die gerade in Deutsch erschienenen Hauptwerke »Die Sprache der Göttin« und »Die Zivilisation der Göttin« der litauischen Archäologin Marija Gimbutas.[68]

Nie zuvor hatte ich den Begriff der »Großen Göttin« gehört, von dem in den Büchern die Rede war, aber ich assoziierte sofort etwas Anziehendes und Geheimnisvolles, dem ich unbedingt nachgehen wollte. Schon beim ersten Durchblättern der beiden zusammen 1000 Seiten starken Bände fühlte ich mich stark von den darin abgebildeten Fotografien, Symbolen und Zeichnungen angezogen. Sie zeigten stolze Skulpturen von Göttinnen, die schwanger waren oder auch Mischformen zwischen Mensch und Tier, eulenförmige Urnen, Hügelgräber mit Eingängen, die wie eine Vulva aussahen, sowie ein fantastisches Reich von Spiral- und Mäandersymbolen. In meiner Schulzeit, an der Uni oder in den Medien war mir diese Welt nie begegnet, die von der Autorin als das »verschüttete Symbolsystem der westlichen Zivilisation« und als »Religion des Alten Europa« bezeichnet wurde. Ich kaufte die beiden Bücher und grub mich zu Hause tagelang in sie hinein. Ich staunte über die Unmenge von Funden, die Marija Gimbutas ihr ganzes Leben gesammelt hatte, und über ihre durchaus auch künstlerischen Deutungsversuche, die für ein wissenschaftliches Werk ungewöhnlich waren. Langsam erkannte ich, dass sie untergegangene Kulturen beschrieb, die etwa zwischen 6500 bis 2500 vor Christus in Europa existiert hatten und die von der Forschung »Neolithikum« oder »Jüngere Steinzeit« benannt werden. Mir fiel ein, dass ich auf meinen »Seelenreisen« nach Schottland einige der in den Büchern erwähnten Stätten besucht hatte, ohne damals deren tiefere Bedeutung verstanden zu haben. Doch das, was Marija Gimbutas das Reich der »Großen Göttin« nannte, war noch viel ausgedehnter gewesen: Es reichte von den schottischen Orkney-Inseln über Großbritannien, Irland und die Bretagne bis in den Donauraum nach Rumänien, Serbien, Sardinien, Zypern, Malta und Griechenland. Den Begriff »Große Göttin« hatte die Archäologin auf diese Kulturen angewendet, weil sie in deren Siedlungen auffällig viele Statuen und Symbole gefunden hatte, die ihr wie Umrisse einer stark weiblich geprägten Spiritualität erschienen waren.

Da sie sich bei der Analyse ihrer Funde vor allem auf deren Bildsprache konzentrierte und diese wie eine Künstlerin deutete, war Marija Gimbutas auch heftigen Anfeindungen ausgesetzt. Es war damals und ist immer noch üblich in der Archäologie, künstlerische und spirituelle Ausdrucksformen früherer Kulturen als zweitklassige Phänomene zu behandeln, die immer von den »harten« ökonomischen Fakten abgeleitet werden müssen. Viele Wissenschaftler stießen sich daran, dass Gimbutas Artefakte, die aus unterschiedlichsten Epochen stammten und in vielen Regionen verstreut waren, einfach pauschal zu einer »Zivilisation der Großen Göttin« zusammenfasste. Das war ihnen zu spekulativ und hatte überdies einen feministischen Unterton, der ihren vorwiegend männlichen Fachkollegen nicht passte. Vielleicht fühlten sie sich von der Vorstellung bedroht, dass in Europa einmal Kulturen mit einer weiblichen Symbolsprache existiert hatten, in deren Gräbern man – anders als in denen nachfolgender Epochen – keine patriarchalen Häuptlinge mit ihren Waffen und Sklaven gefunden hatte, sondern gleichberechtigt bestattete Männer und Frauen. Auch wegen des Nichtvorhandenseins von herrschaftlichen Bauten und der fehlenden Differenzierung zwischen Arm und Reich in der Ausstattung der Gräber sprechen Forscher daher heute von »egalitären Kulturen«, die vor allem im südosteuropäischen Donauraum existiert haben.[69]

Ich bewunderte den Mut von Marija Gimbutas, die es gewagt hatte, den herrschenden und vorwiegend von Männern bestimmten akademischen Diskurs um neue Herangehensweisen zu erweitern. So hatte sie etwa die neue Forschungsrichtung der »Archäomythologie« begründet, die die religiöse Bildsprache früherer Zeiten ernst nahm und sich mehr für deren geistig-spirituellen Hintergründe interessierte als nur für deren Alltagsgegenstände. Doch viele ihrer Deutungen galten als »unwissenschaftlich« und die Wortführer ihrer Disziplin versuchten, sie aus der »scientific community« auszugrenzen. Mächtige Ordinarien von Eliteuniversitäten sagten ihr den Kampf an und sorgten dafür, dass ihre Publikationen aus Bibliotheken entfernt und ihr Name aus Bänden zur Geschichte der Archäologie getilgt wurde.[70] Manche Kollegen erkannten zwar ihre Leistungen auf dem Gebiet der Feldforschung an, aber sie verübelten ihr die mythologischen Interpretationen der dort gefundenen Objekte. Ihre komplexen Darstellungen wurden verzerrt und man warf ihr am Ende vor, ein prähistorisches »Matriarchat« herbeifantasiert zu haben, das so nie existiert habe. Dabei hatte Marija Gimbutas den Terminus »Große Göttin« lediglich als Metapher für eine durch alles hindurchgehende und sich ständig verwandelnde Lebensenergie gebraucht, die viele frühere Kulturen eben mit vorwiegend weiblichen Symbolen ausgedrückt hatten.[71] Ich empfand dies nicht als einen überspannten Begriff, sondern als ein inspirierendes Bild, das einfach nur ausdrückte, dass wir es hier mit der spirituellen Benennung von etwas Großem, Umgreifendem und Numinosem zu tun hatten; ich spürte sofort, dass es sich nicht um eine bis ins Letzte belegte wissenschaftliche Theorie handelte, sondern um eine Vision, die sich in vergangene Bewusstseinszustände auch mithilfe von Intuition und ästhetischer Deutung einzufühlen versucht. Marija Gimbutas traute sich, in der Metapher der »Großen Göttin« zusammenzufassen, was Zehntausende von Funden in ihr intellektuell und emotional ausgelöst hatten, die wie aus einer verschütteten Unterwelt ans Tageslicht zurückgekehrt waren. Sie versuchte durch die Oberfläche von Bilddarstellungen hindurch auf tiefer liegende Bedeutungen zu schauen und musste dabei notgedrungen auch künstlerische Fähigkeiten einsetzen. Sie blickte nicht nur auf Einzelfunde, sondern auch auf unterschwellige Zusammenhänge: So sah sie in vielen Skulpturen die Verkörperung eines weiblich-mythischen Wesens, das sich in Vögel, Fische, Kröten, Eulen, Schlangen und Schmetterlinge verwandeln und ständig seine Gestalt verändern konnte. Wer war dieses Wesen? Eine reale Person, eine Göttin, eine Priesterin oder das personifizierte Weibliche? Gimbutas vermutete eine in unzähligen Formen erscheinende Naturkraft darin, die augenscheinlich Prozesse zwischen Geburt, Leben und Tod symbolisierte. So fand die Archäologin weibliche Darstellungen, die starr und mit verschränkten Armen auf den nächsten Schritt innerhalb einer Metamorphose zu warten schienen, und sie erlaubte sich, diese Skulpturen »Larvengöttinnen« zu nennen[72]: ein sprechendes Bild für das Geheimnisvolle und auch Unheimliche einer Puppe, aus der sich plötzlich das lebendige Wunder eines Schmetterlings befreit. Die schöpferische Kraft der »Großen Göttin« konnte sich aber auch in einer Mischform zwischen Kröte und Mensch zeigen, die wie ein Fötus kurz vor der Geburt aussah. Auch hier drückte sich wieder das Mysterium eines Geburtsprozesses aus, der veränderte Gestalten hervorbringt, die nicht auf den ersten Blick aus der anfänglichen Form ableitbar sind. Mich faszinierte der Umstand, dass in der »Religion des Alten Europa« die Kröte nicht als niedrige Kreatur angesehen wurde, sondern dass man sie in einen symbolischen Zusammenhang mit den geheimnisvollen Geburtsvorgängen gebracht hatte. Auch vor 5000 Jahren kannte man schon ein bis zwei Monate alte Embryos, die tatsächlich wie eine Kröte aussahen, und da man noch nicht wusste, was zu einer Schwangerschaft führte, glaubte man, ein Amphibium sei in den Uterus der Frau gekrochen, um sie zu befruchten. Mich berührte es, dass einem solchen Tier, das etwa im Christentum für das Böse, Giftige und Lasterhafte stand[73], ein so hoher Rang zugesprochen wurde, dass es sogar als Erscheinungsform einer »Göttin« gelten konnte. Das Bild der »Großen Göttin« schien also einen weiten Raum zu umfassen, der nichts ausschloss und in dem das »Sakrale« nicht durch das »Animalische« oder »Niedrige« entwertet, sondern bereichert wurde.

Das galt auch für die von Marija Gimbutas ausführlich diskutierte Schlangensymbolik. Bereits in ihrer Kindheit im ländlichen Litauen hatte sie erlebt, dass die Schlange nicht als böse Verführerin wie in der Bibel gesehen wurde, sondern dass man sie in hohen Ehren hielt und mit Milch versorgte. Zum Befremden der lokalen Pfarrer lebten viele der Tiere unter den Fußböden der alten Bauernhäuser, deren Wände oft mit Spiralmustern versehen waren, und mit Volksfesten feierte man den Tag, an dem die »Schlangen vom Wald ins Haus kommen«.[74] Die Forscherin kannte also schon bestimmte mythologische Vorstellungen über dieses Tier aus ihrer baltischen Heimat, bevor sie auf entsprechende im Reich der »Großen Göttin« stieß, was für sie ein Beleg für die lange Fortexistenz archetypischer Vorstellungen war. Sowohl im Litauen ihrer Kindheit als auch im prähistorischen Griechenland oder Osteuropa verkörperte die Schlange nicht – wie später – den Drachen, der von männlichen Helden bezwungen werden musste, sondern eine ambivalente Naturkraft, die sowohl den Tod als auch Leben und Erneuerung bringen konnte. Diese Kraft war für die damaligen Menschen so elementar, dass sie Tausende von Figuren, Vasen, Gefäße, Krüge und Hausaltäre mit Schlangenornamenten versahen. In Griechenland und in der Westukraine fand die Archäologin sogar ganze Tempelbezirke, die der »Großen Göttin« in Form dieses Tieres geweiht waren, in denen auf gehörnten Thronen Statuen mit Schlangenköpfen sitzen, die frisch geschlüpfte Reptilien im Arm halten. Die Schlange verkörperte mit ihrem Gift und ihrer Fähigkeit zur Häutung die Kräfte des Todes und der Erneuerung, die jedoch keine Gegensätze waren, sondern unauflöslich zusammenhingen. Sie war kein dämonisches Wesen, sondern symbolisierte die regenerierende Urkraft der Natur, die auch im Menschen wirkt und vor der er keine Angst zu haben braucht.

Dasselbe galt für weibliche Skulpturen in Gestalt von Vögeln, die ebenfalls das gesamte Spektrum zwischen Sterben und Leben abdeckten: Hier konnte die »Große Göttin« als Geier oder Eule erscheinen, die den Tod verkündeten, aber auch als Wasservogel, der für die damaligen Kulturen eine wichtige Nahrungsquelle war.[75] Marija Gimbutas fand nicht nur Hunderte solcher »Vogelgöttinnen«, sondern auch Kultvasen in Entenform und andere vogelförmige Gefäße, was bezeugt, dass diese Symbolik tief in die Welt der Gebrauchsgegenstände reichte. Sakrales und Profanes, Göttliches und Alltägliches waren damals unauflöslich miteinander verbunden: »Die Göttin ist immanent, nicht transzendent«, schrieb Gimbutas, »sie manifestiert sich in physischer Gestalt.«[76] Da diese »immanente Göttin« sich ständig verwandelte, war ihr Hauptelement das Wasser, das auf weiblichen Skulpturen und auf Alltagsgegenständen in unzähligen Formen vorkommt: vor allem als Spiralen, Wirbel und Mäander, die gleichsam alles umfließen und somit starre Grenzen auflösen. Die spielerisch durcheinander wogenden Mäander sind das Wasserkleid der Göttin und symbolisieren nicht nur lebensspendendes Fruchtwasser und Regen, sondern auch das »kosmische Wasser«, nämlich die flüssige und ewig neue Formen annehmende Lebensenergie, die das ganze Universum durchströmt.[77] Brunnen, Quellen und Flüsse hingen daher eng mit der »Großen Göttin« zusammen, deren Kultstätten oft in der Nähe von großen Strömen lagen.[78]

Doch diese »Göttin« spendete nicht nur Vitalkräfte, sondern war auch die Herrscherin über den Tod, allerdings keine Furcht einflößende. Als »Mutter Erde« nahm sie am Ende die Verstorbenen wieder in sich auf, was viele archäologische

Funde bezeugen. So fand man Säuglinge, die in Brotöfen bestattet worden waren, die die Gestalt einer schwangeren Frau hatten, und viele neolithische Grabhügel symbolisierten den Bauch der Erde, in den die Toten durch lange Gänge wie in den Uterus hineingeführt wurden, aus dem sie einst gekommen waren.[79] Auch hier erkannte Marija Gimbutas Parallelen zur litauischen Volksmythologie, wo Lieder von der »Mutter des Grabes« oder der »Mutter des Sandhügels« erzählen und damit uralte archetypische Vorstellungen zum Ausdruck bringen: »Höhlen, Spalten und Grotten der Erde galten als Schoß der Urmutter. Diese Vorstellung kam nicht erst im Neolithikum auf; sie reicht zurück bis ins Paläolithikum, in dem man schmale Gänge, ovale Kammern, Felsspalten und kleinere Nischen in Höhlen oft mit Rot verzierte oder ganz rot ausmalte.«[80]

Ein eindrucksvolles Beispiel dafür ist etwa das Hypogäum von Hal Saflieni auf Malta, eine aus zahllosen Gewölben bestehende 5000 Jahre alte Tempelanlage, die zum Teil mit leuchtendem Ocker ausgemalt wurde, was wohl den lebenserneuernden Schoß der Göttin symbolisierte. Darin fand man Keramikgefäße, Statuen und Nahrungsmittel sowie Tierknochen, die Reste von Opfergaben waren. Besonders sprechend ist eine Alabasterfigur, die eine schlafende Frau mit einem voluminösen Unterleib darstellt, die man in einer eiförmigen und mit roten Schlangenspiralen ausgestatteten Kammer fand. »Warum schläft sie im Grab?«, fragt Marija Gimbutas und vermutet, dass das Bild einen Initiations- oder Inkubationsritus darstellt: »Im Schoß der Göttin zu schlafen bedeutete, zu sterben und zu neuem Leben zu erwachen. Ebenso könnte die ›Schlafende Frau‹ die Praxis des heilenden Tempelschlafs repräsentieren oder die Weihgabe einer Person sein, die sich dem Inkubationsritus im Hypogäum erfolgreich unterzogen hatte.«[81]

Auch in den großen Megalithanlagen Westeuropas, wie im schottischen »Maes Howe«, im irischen »Newgrange« oder im französischen »Gavrinis« sah Gimbutas heilige Orte, »in denen die Gemeinschaft Rituale der Lebenserneuerung und der Verehrung ihrer Ahnen abhielt.«[82] Diese Kultstätten waren so ausgerichtet, dass am Tag der Wintersonnenwende der Lichtstrahl der aufgehenden Sonne direkt ins Grabinnere fiel und die Toten förmlich berührte: Das Ende der dunklen Jahreszeit und der Beginn einer neuen wurde parallel zum Lebensende gesetzt, wodurch dieses seine Endgültigkeit verlor und zu einem Übergang in eine neue Existenzform wurde.

Was meint Marija Gimbutas, wenn sie die Statuen, Grabanlagen und Ornamente der »Großen Göttin« als Symbole der Erneuerung deutet? Welche Art der »Wiedergeburt« vollzog sich im rot ausgemalten Erdschoß der alteuropäischen Kultstätten? Wir können heute nur darüber spekulieren, ob die damaligen Menschen an Seelenwanderung, Reinkarnation oder an sonstige Formen einer Weiterexistenz der Seele glaubten. Die Symbolik der »Göttin« sollte wohl daran erinnern, dass es in der Natur eigentlich kein richtiges Ende gibt, sondern nur unendliche Metamorphosen. Aufgrund solcher Beobachtungen gingen die Menschen damals vielleicht weniger ängstlich in den Tod als wir und erhofften sich im Bauch der »Göttin« eine Form von Übergang, wie wir sie auch im letzten Kapitel beschrieben haben. Sie glaubten wohl, dass sich ihre Körper nicht einfach ins Nichts auflösten, sondern sich mit der »heiligen Erde« verbanden, um ihr Impulse für neues Leben zu geben und so auch in subtiler Form weiterzuexistieren.

Oft stellte ich mir die Frage, warum mich all diese Bilder, die wie pulsierende Lebensströme aus den Bänden der litauischen Forscherin herausquollen, so stark berührten? Ich reagierte auf Gimbutas' Erkenntnisse zur »Großen Göttin« nicht als Wissenschaftler, der erst einmal die Richtigkeit ihrer Aussagen penibel überprüfen musste. Obwohl sie fünf große Ausgrabungen in Südosteuropa geleitet hatte und ein enormes Fachwissen besaß, dachte sie auch in einem Netz von Analogien, das Berührungspunkte mit dem »wilden Denken«[83] der alten Kulturen aufwies, die ja noch gar keine Wissenschaft im heutigen Sinne kannten. Über Jahrtausende hatten diese Gesellschaften im Fluidum eines von Metaphern und Geschichten bestimmten sinnstiftenden Denkens gelebt und erfolgreich damit Krisen und Probleme gemeistert. Daher war es für mich selbstverständlich, dass sich ein Forscher, der eine solche Zeit verstehen will, selbst vorübergehend in diese Art von Rationalität versetzen muss und nicht einfach moderne Verstandeskategorien darauf projizieren darf. Um dieses »wilde Denken« der Vorzeit zu erfassen, muss der Wissenschaftler selbst ein Stück »wild« werden, ein Verfahren, das übrigens Ethnologen selbstverständlicher handhaben als Archäologen oder Historiker. Weil sie dies tat, wurde Marija Gimbutas von ihrer Zunft immer mehr ausgegrenzt, aber ich bewunderte sie gerade dafür, dass sie sich nicht gehorsam an verordnete Standards hielt, sondern ihre Fachdisziplin mutig mit ihrer Fähigkeit zur intuitiven Einfühlung und zum symbolischen Denken erweiterte. Darauf sprach meine künstlerische, aber auch meine »weibliche« Seite an und beide wurden zu eigenen Aktivitäten ermutigt. Die Welt der »Großen Göttin« erschien mir wie eine »poetische Religion« mit vorwiegend weiblichen Bildern, die die schöpferische Lebensenergie in ihren fließenden Übergängen pries und dem Tod seinen lähmenden Schrecken nahm. Es war eine Vision voller überströmender anarchischer Energie, von der Gimbutas' Bücher durchdrungen waren und die nicht durch intellektuelles Schablonendenken zu stoppen war. Diese Energie brachte auch etwas in mir in Bewegung und wirkte wie eine Erlösung aus dem Bann der einengenden Rationalität, die mich mein ganzes Leben lang gequält hatte. Bei der Lektüre von Gimbutas' Werken konnte ich endlich frei in Bildern denken, mich verlieren und wiederfinden wie die endlosen Schlangenmuster, schweben und tauchen wie die mythischen Wasservögel und mich wie die »Larvengöttin« in verschiedenen Metamorphosen verwandeln. Ich konnte mal ein Frosch sein und mal ein Schmetterling, konnte eulenförmige Krüge und den schwangeren Leib einer Göttin bewohnen. Ich reiste durch viele Formen, die nicht durch eine widerspruchsfreie Logik gezähmt werden mussten, und konnte in Ruhe zulassen, was all das mit mir machte. Dunkle Höhlen waren keine Straf- und Höllenorte mehr, sondern fantastische Gewölbe im Dämmerlicht, die ein reiches Innenleben in mir anregten. Kein übermächtiger Vatergott wachte über all dem, kein Gehorsam fordernder Patriarch und kein Wissenschaftler, der mir bestimmte Denkmuster vorschrieb, deren Verletzung streng geahndet wurde. Die Wirbel und Mäander der »Großen Göttin« setzten kreative Energien in mir frei, die geistige Barrikaden zu verflüssigen begannen: Es gab keine starre Grenze mehr zwischen Denken und Fühlen,

Verstand und Fantasie, Wachen und Traum, ich dehnte mich im unendlichen Leib der »Göttin« aus und verlor auch vorübergehend den Sinn für Raum und Zeit.

War ich jetzt endlich der starken Mutter begegnet, die ich lebenslang herbeigesehnt hatte: einer stolzen und kraftvollen Frau, die aber trotz ihrer Gerichtetheit Wärme und Geborgenheit ausstrahlte? Die mich hielt und gleichzeitig gewähren ließ, die mich führte, ohne mir den Atem zu nehmen, die nichts in mir von vornhinein verurteilte, sondern alles so nahm, wie es natürlich aus mir herausfloss?

Vieles bewegt das Bild der »Großen Göttin« bis heute in mir und ich staune darüber, wie viele neue Bedeutungsschichten noch immer aus ihm emporsteigen. In der Tat verkörpert diese »Göttin« das, was Marija Gimbutas eine »immanente« Gottheit nannte: Ihr an die Erde gebundenes freies Spiel von flutenden Kraftlinien und Verwandlungen hat nichts von einem unnahbaren Gott im fernen Kosmos, der Normen und Gebote für uns bereithält. Die Bilderwelt der »Großen Göttin« steht eher für wechselseitigen Austausch als für hierarchische Ordnung, für den Wert von Emotionen gegenüber dem Diktat einer logischen Rationalität, für eine gewährende Hand gegenüber starrem Zwang, für Fürsorge gegen Egoismus, für fließende Verbindung gegen scharfe Trennung. Mit ihren der Natur entlehnten Formen plädiert diese »Göttin« für ein organisches Wachstum gegenüber einem raffgierigen Akkumulieren, sie schenkt Zeit und Entschleunigung, Spiel und Überfluss, statt auf ständige Maximierung und Effizienz zu pochen.

Mir war es nicht so wichtig, ob diese Werte in den von Marija Gimbutas untersuchten Kulturen tatsächlich genauso praktiziert worden waren oder nicht. Die Archäologie kann keine Zeitreisen machen und exakt überprüfen, was damals wirklich gedacht wurde. Sie muss die symbolisch-mythologischen Überreste deuten und ist dabei immer auf einen subjektiven Faktor angewiesen. Daher erlaubte ich mir, Gimbutas' Bücher wie Romane, Märchen- oder Gedichtbände zu lesen, in denen ja ebenfalls zeitlose existenzielle Themen abgehandelt werden. Ohne die prähistorischen Epochen der »Großen Göttin« verklären zu müssen, kann man aus ihrer Bilderwelt genauso Anregungen empfangen wie aus der Bibel, aus Homers »Odyssee« oder den Tragödien der großen griechischen Dichter. Doch während diese allesamt von Männern verfassten Schriften heute allgemeines Bildungsgut sind, ist das Wissen um die »Große Göttin« nur wenigen zugänglich. Daher tauchten bei meiner Beschäftigung mit Marija Gimbutas auch spannende Fragen auf:

Warum waren mir all diese »Göttinnen« bisher so unbekannt gewesen? In welche »Unterwelt« waren sie so lange verbannt worden – und von wem? Warum hatte ich in der Schule nichts von ihnen gehört, weder in Geschichte noch in Religion, wo es immer nur von männlichen Herrschern und Göttern wimmelte? Warum wussten wir Europäer kaum etwas über die weiblich getönte und hochkünstlerische Symbolwelt unserer eigenen Vorfahren? Warum waren uns als Vorbilder Homer, Zeus, Moses, Platon und Jesus Christus genannt worden und nicht die unzähligen Varianten der »Großen Göttin«, die ja von der Altsteinzeit bis in die Mythen der Griechen, Kelten, Slawen und Germanen weiterexistierten?

Reichten sie nicht sogar bis in das griechische Wort »Philosophie« hinein, das von »Sophia«, der »göttlichen Weisheit«, abgeleitet wurde, die ja auch ein weiblicher Vorname ist? Hielt die aus dem Dunkel der Vergangenheit aufgestiegene »Große Göttin« nicht eine Fülle von Weisheiten bereit, die nicht nur mich, sondern auch unsere moderne Welt inspirieren könnten? Ich dachte an die gigantischen Ausmaße, mit denen heute »Mutter Natur« zerstört wird, an die »Fridays for Future«-Bewegung, die einer kleinen, aber wortgewaltigen schwedischen Umweltaktivistin folgt, und an die Millionen von Frauen, die sich immer stärker gegen sexuelle Belästigung und berufliche Benachteiligung auflehnen. Konnten die symbolischen Botschaften der »Großen Göttin« nicht auch als Ermahnung zu einem neuen Blick auf die Welt gelesen werden, in dem Empathie, Fürsorge, Kreativität und Verbundenheit wichtiger waren als ökonomische Effizienz, Machtstreben, Ausbeutung und Egoismus? Gab diese »Göttin des Wandels« nicht auch besänftigendere Bilder für unseren Tod her, von dessen Schrecken unsere Gesellschaft ja vollkommen gelähmt zu sein scheint? Ich denke an die voyeuristische Neugier, die uns an Unglücksorte aller Art zieht, an die unzähligen Spiel- und Dokumentarfilme, die sich genüsslich an Katastrophen weiden, an die immer perfider werdende Grausamkeit in Krimis und Psychothrillern, an unser lustvolles Erschauern gegenüber perversen Serienkillern und todbringenden Psychopathen. Sind das nicht alles verzweifelte Versuche, den übermächtigen Schrecken vor dem Tod zu bannen, die aber nicht zu seiner Integration führen, sondern in immer neurotischere Irrwege? Und zeigt nicht auch die Coronakrise, wie viel Angst wir vor dem Sterben haben, etwa wenn von heimtückischen »Killer-Viren« gesprochen wird, die uns aus dem Hinterhalt bedrohen und wie bösartige Dämonen aus der Unterwelt abgewehrt werden müssen?

Welch andere Rolle hatte der Tod im Reich der »Großen Göttin« gespielt, wo er als eine Phase innerhalb eines zyklischen Geschehens gesehen wurde, die kein endgültiges Aus, sondern einen neuen Anfang bedeutet? Wie gelassen könnte man in einer Vision leben, die keinen absoluten Beginn und kein absolutes Ende kennt, sondern nur permanente Gestaltwechsel, die wir einfach mitvollziehen, so wie wir es auch mit Tag und Nacht, Sommer und Winter tun. Hielt die »Große Göttin« am Ende nicht auch überzeugende Bilder für eine »Spiritualität im Alltag« bereit, der ja dieses ganze Buch gewidmet ist? Deuteten nicht Tausende von symbolisch aufgeladenen Gegenständen darauf hin, dass die Menschen damals das »Göttliche« überall wahrnehmen konnten und nicht nur in abgegrenzten Tempelbezirken? Konnten die vielen von Marija Gimbutas gefundenen Objekte nicht fruchtbare Gedanken darüber anregen, wie viel »Sakrales« schon in den nächsten Dingen wohnt, wenn man es nur zu sehen vermag? Und war somit die Bilderwelt der »Großen Göttin« nicht auch eine Schule für eine verfeinerte Wahrnehmung, für ein geduldiges Denken, das nicht immer ins exzessive Übermaß forteilen muss, sondern sich mit dem bescheiden kann, was schon da ist? In jedem Fall sind die Werke der poetischen Wissenschaftlerin aus Litauen für mich zu einem reichen Füllhorn geworden, in dem ich Inspiration und Ruhe finden kann, wenn die Stürme des Lebens wieder einmal über mir zusammenschlagen. Sie gehören zu den schönsten Büchern meiner Bibliothek und ich erkläre sie hiermit – wenn auch mit einem Augenzwinkern – zu den wenigen dort versammelten »heiligen Schriften«.

DAS GOLD DER DANKBARKEIT

Warum beende ich dieses Buch mit einem Kapitel über Dankbarkeit? Weil ich beim bisherigen Schreiben festgestellt habe, dass sie zu den wichtigsten, aber auch am wenigsten entwickelten spirituellen Fähigkeiten gehört, die ich kenne. Ich wundere mich immer wieder, wie nachlässig ich oft darin bin und wie viel ich hier täglich dazulernen kann. Zwar glaube ich, ein im Großen und Ganzen dankbarer Mensch zu sein, aber wenn ich genau hinschaue, sehe ich doch auch, wie vieles ich immer noch als selbstverständlich hinnehme. Bin ich jeden Morgen wirklich dankbar, wenn ich einen erholsamen Schlaf hatte und nun wieder zu einem neuen Tag aufwachen durfte? Danke ich dafür, dass ich bis auf kleine Beschwerden weitgehend gesund bin, sodass Körper und Geist gut funktionieren und mich meine geliebten Tätigkeiten z. B. des Schreibens, Musizierens und Filmemachens ausüben lassen? Bin ich dankbar genug für die Sicherheit, in der ich hierzulande leben kann, für meine ruhige Wohnung und die ausreichende materielle Grundversorgung, die mir existenzielle Sorgen erspart?

Wie elementar solche Dinge sind, erfahre ich jeden Abend im Fernsehen, wenn ich Dokumentarfilme über Menschen sehe, die nicht so verwöhnt sind wie wir: Obdachlose, Flüchtlinge, Menschen unterhalb der Armutsgrenze, in Osteuropa oder in Entwicklungsländern, denen es am Allernötigsten fehlt und wo wenig Chancen zur Verbesserung dieser Zustände bestehen. Diese Reportagen haben etwas Heilsames, denn sie konfrontieren mich auf herbe Weise mit dem »Luxus«, den ich hier in Deutschland genieße. Nach der Öffnung der Grenzen für Flüchtlinge aus aller Welt haben sich auch die öffentlichen Anlagen in Berlin verändert: Immer wieder stoße ich bei Spaziergängen auf Zeltlager von Migranten, die sich an Bahndämmen, unter Brücken oder in Parks eine dürftige Notunterkunft eingerichtet haben. Gerade im Winter bedaure ich diese Menschen oft sehr und daheim in meiner geheizten Wohnung steigen starke Gefühle der Dankbarkeit auf, die viele meiner Probleme auf ein vernünftiges Maß zurechtrückten.

Doch wenn ich ehrlich bin, vergesse ich solche Empfindungen bald wieder und gerate in Zustände der Unzufriedenheit, in denen sich alle möglichen Sorgen in den Vordergrund schieben und auch Neidgefühle gegenüber anderen Menschen auftauchen, die es scheinbar besser haben als ich. Dann hat mich der Alltagstrott wieder im Griff und ich ergehe mich in Wehklagen, obwohl es mir vergleichsweise gut geht. In solchen Zuständen fühle ich mich schlecht, ich merke, wie sie mich zermürben und aushöhlen, und frage mich, wie ich aus dieser Falle wieder herauskomme. Würde zur Übung der Dankbarkeit dazugehören, sich noch für viel elementarere Dinge zu bedanken als für die, die ich bisher aufgeführt habe? Zum Beispiel für meine schiere Existenz, für das mir geschenkte Leben, das religiöse Menschen als »Gabe

Gottes« preisen? Hier wird die Sache schon schwieriger, denn ich habe keinen persönlichen Gott, dem ich danken könnte, und mein Leben ist natürlich auch von kleineren und größeren Querelen bestimmt, die mich manchmal unzufrieden machen. Eine permanente Haltung der Dankbarkeit scheint uns modernen Menschen nicht mitgegeben zu sein, vielleicht ist ein Mangel an Spiritualität dafür verantwortlich oder die ganze Art unserer Lebensform, der grundsätzlich etwas Getriebenes anhaftet. Immerhin habe ich eingesehen, dass Dankbarkeit immer wieder neu eingeübt werden muss, wofür dieses Kapitel einige Vorschläge machen möchte.

Wenn ich den Fokus bewusst auf meine gegenwärtige Befindlichkeit richte, kann ich natürlich viel Dankbarkeit empfinden. Auch wenn ich schon Suizidgedanken hatte und bei einer Krankheit, die mich zum Pflegefall machen würde, eventuell den Freitod wählen würde, so hänge ich doch auch am Leben und freue mich, es jeden Tag mit allen Sinnen erleben zu dürfen. Es ist wunderbar, dass ich so viele kreative Fähigkeiten besitze, um das Erlebte gestalten und für mich und andere ausdrücken zu können. Es ist ein Geschenk, gute Freunde und eine gute Partnerschaft zu haben, weil ich so Freud und Leid mit anderen teilen kann und Einsamkeit eigentlich nicht kenne. Da ich, wie gesagt, nicht an einen persönlichen Gott glaube, frage ich mich, bei wem ich mich für all dies bedanken könnte? Wer oder was hat mich hervorgebracht und mir das Leben geschenkt, das ich jetzt im Großen und Ganzen als erfüllt bezeichnen kann? Wurde es mir durch irgendeine kosmische Intelligenz gegeben oder durch eine kreative Mischung der Gene meiner Eltern und Vorfahren, die mich auf rätselhafte Weise hervorbrachte? Kommt meine Seele – wie viele spirituelle Menschen glauben – aus himmlischen Sphären oder aus einer früheren Inkarnation? Da mir nachvollziehbare Belege für diese Annahmen fehlen, muss ich die Frage nach meiner spirituellen Herkunft offenlassen: Ich kann also keiner übergreifenden Instanz irgendeinen Dank abstatten, egal ob ich sie »Gott« oder »geistige Welt« nenne. Doch ich mag den von Astrophysikern gelegentlich benutzten Satz, wonach wir Menschen »aus Sternenstaub gemacht« sind. Erst das gigantische Selbstopfer von explodierenden Sonnen hat vor Urzeiten Elemente wie z. B. den Kohlenstoff geschaffen, aus denen wir bestehen und die wir noch heute in unserem Körper tragen. Ich bin also in letzter Instanz aus schöpferischen Tragödien entstanden, die einst im fernen Kosmos stattfanden und vor vier Milliarden Jahren ihre Fortsetzung in den Tiefen unserer Meere fanden, wo sich auf immer noch unerklärte Weise das erste Leben herausbildete.

»Sternenstaub« rieselt also durch meine Adern und ich kann dieses schöne Wort ja auch als Metapher für eine Teilhabe an kosmischen Geheimnissen deuten. Durch eine wundersame Mischung von Erbanlagen und wohl noch weiteren unbekannten Faktoren wurde ich mit Eigenschaften beschenkt, die heute meine individuelle Prägung ausmachen. Ich bin, denke ich, ein einigermaßen verträglicher Mensch, im Großen und Ganzen gesund, kann Musik machen, Filme drehen und Bücher schreiben und bekam damit einen der schönsten Berufe geschenkt, den ich mir vorstellen kann. Ich lebe in großer Freiheit, habe keinen Vorgesetzten und musste mich noch nie in seelenlosen Großraumbüros mit unsympathischen Kollegen herumschlagen. Auch kenne ich keinen zermürbenden Achtstundentag, bei dem ich dauernd auf die Uhr schaue und mich frage, wie lange es noch bis zum Feierabend dauert. Am Ende meines Lebens wird sicher nicht die bange Frage stehen, warum ich nicht noch dies und das gemacht und anderes unterlassen habe. Ich werde dann vermutlich gut loslassen können, in dem Bewusstsein, ein erfülltes Leben gehabt zu haben.

Doch ich wiederhole es noch einmal: Trotz dieser guten Bilanz bin auch ich gelegentlich von Sorgen, Unzufriedenheit und Unruhe bestimmt. Der Alltag hält weiß Gott nicht nur erhebende spirituelle Momente bereit, gesundheitliche Probleme können auftauchen, seelische Nöte, depressive Stimmungen, Konflikte in der Beziehung zu Menschen, aber auch Vergleiche z. B. mit Kollegen, die in mir Neid und Missgunst auslösen können. Wenn man wie ich Filme und Bücher veröffentlicht, bleibt so ein »Kräftemessen« nicht aus: Immer gibt es andere, deren Erfolge durchaus Eifersucht in mir erzeugen können, vor allem wenn ich ihre Arbeiten für weniger gut halte als meine und ihnen diese Anerkennung deshalb nicht gönne. Dann glaube ich, mit meinen eher stillen und vielschichtigen Werken im oft oberflächlichen Medienlärm unterrepräsentiert zu sein, und fühle mich übersehen und an den Rand gedrückt. In solchen Momenten jammere ich über die »Ungerechtigkeit der Welt«, bemitleide mich selbst und nehme mir trotzig vor, dennoch immer weiterzumachen.

Doch das ist Gott sei Dank nur die eine Seite der Medaille. Bald wache ich wieder aus solchen trüben Stimmungen auf und übe andere Perspektiven ein, mit denen ich auf mein

Leben schauen kann. Kleine Weisheiten von anderen, klugen Menschen können dabei helfen. So fiel mir neulich wieder ein berührender Satz des ehemaligen schwedischen UNO-Generalsekretärs Dag Hammarskjöld ein, den ich bei der Arbeit an einem Film über ihn gehört hatte.[84] Hammarskjöld, der sich neben seiner politischen Tätigkeit auch für Spiritualität interessierte, hatte geschrieben, dass er auch in schwierigen Situationen immer wieder dankbar dafür sei, dass er seine diplomatische Arbeit überhaupt machen *dürfe*. In seinem Tagebuch »Zeichen am Weg« schrieb er: »Empfangender bleiben – und danken. Dafür: horchen, sehen, verstehen zu dürfen.«[85] Hammarskjöld brüstete sich nicht mit seinen außerordentlichen Fähigkeiten, die er zweifelsohne hatte, sondern betonte, dass es schon ein Geschenk sei, all das überhaupt tun zu *dürfen:* Menschen geduldig zuhören, andere aufgrund seines Einfühlungsvermögens verstehen und zerstrittene Parteien miteinander versöhnen. Diese Haltung beeindruckte mich tief und ich machte eine Übung für mich daraus, die ich heute oft praktiziere. Ich sage mir dann: Sei froh, dass du dies und jenes überhaupt machen *durftest,* dass du z. B. Filme über Rudolf Steiner, C. G. Jung und Joseph Beuys drehen *durftest,* dass du gute Ideen dazu hattest, dass dir die Erben dieser Protagonisten so viel Vertrauen schenkten, dass diese Projekte ohne Finanzierung durchs Fernsehen überhaupt gelingen konnten und so viele dankbare Zuschauer fanden.

Dass auch andere Menschen solche Übungen gerade in unseren Tagen dringend brauchen, zeigt mir die weite Verbreitung von Ratgebern zum Thema »positive thinking« oder »Achtsamkeit«. Wenn ich bei Google den Begriff »positive thinking« eingebe, stoße ich auf nahezu eine Milliarde Einträge, bei amazon finde ich ungefähr 50.000 Vorschläge für Bücher oder DVDs zu diesem Thema. Viel esoterischer Kitsch ist dabei, der auf schnellen Gewinn hin kalkuliert ist, aber der Trend zeigt, welch enormes Bedürfnis die Menschen nach solchen Anleitungen haben. Scheinbar sind wir alle in puncto Dankbarkeit äußerst vergesslich: Wir nehmen das Gegebene meist als selbstverständlich hin und orientieren uns »nach oben«. Unser Glas erscheint dann – wie es so treffend heißt – eher halbleer als halbvoll und wir streben nach immer mehr. Die Werbung und die Medien tragen ihren Teil dazu bei, um uns in diesem Sog zu halten, und wir treiben darin oft hilflos mit wie Treibgut in einer Strömung. Unsere ganze Gesellschaft ist, wie es der Soziologe Hartmut Rosa formulierte, in einem permanenten »Steigerungszwang« begriffen, der uns eigentlich kaum mehr loslässt.[86] Wir wissen, dass das nicht gesund ist und zu ernsten Erkrankungen führen kann, aber kommen meist nicht aus diesem Hamsterrad heraus. Zwar nehmen wir uns ab und zu eine »Auszeit«, aber nur, um möglichst schnell wieder in denselben alten Kreislauf eingespannt zu werden. Wenn wir nicht zurückbleiben wollen, müssen wir innerhalb kurzer Zeit Computer, Smartphones und Kameras gegen neue Modelle austauschen, es reicht nicht, Bilder in HD-Qualität zu sehen, sondern es muss 4K oder 8K sein. Dauernd müssen wir Betriebssysteme und Software updaten, um auf dem Laufenden zu bleiben, die aber oft kaum besser als ihre Vorgänger sind. Wir schauen ständig nach, wie viele Klicks wir in den sozialen Medien bekommen, und werden permanent mit neuen Nachrichten bombardiert, wer was gerade wieder erfolgreich gemacht hat. Wir sind eingespannt in ein Zeitgefühl, das wie ein Pfeil immer weiter nach vorne in eine trübe Unendlichkeit drängt und uns mitreißt wie ein Schnellzug, der ohne Bremsen fährt. Bin auch ich manchmal diesem fatalen Unendlichkeitssog ausgeliefert und hat er eigentlich noch etwas mit dem »Geschmack der Unendlichkeit« zu tun, dem ich in diesem Buch huldigen wollte?

Obwohl auch ich manchmal Teil dieses »Steigerungszwangs« bin, beobachte ich bei mir das Zunehmen einer gewissen Abgeklärtheit, die wohl mit meinem Alter zu tun hat. Ich habe viele schöne Dinge in meinem Leben realisieren können und spüre, dass ich mir und anderen nichts mehr beweisen muss. Um in der verbleibenden Lebenszeit noch mehr Gelassenheit zu lernen, habe ich mir ein paar Übungen zurechtgelegt, mit denen ich das Gefühl der Dankbarkeit weiter verstärken kann. Es sind Meditationsbilder, die dabei helfen, die Tiefe des Augenblicks zu intensivieren, um die Fülle des Erlebten noch besser zu erfassen. Sie sollen mir helfen, jedes Empfinden von Dankbarkeit so weit auszudehnen, wie ich nur kann, und zu beobachten, ob es da tatsächlich eine Grenze gibt. Damit kehre ich auch zu dem inspirierenden Satz von William Blake zurück, wonach wir alle Dinge als unendlich erleben können, wenn wir nur die »Pforten der Wahrnehmung« wirklich reinigen.

Ein Bild, das mir bei diesen Übungen hilft, ist das des Gralskelches. Der Gral galt in der umfangreichen Literatur des Mittelalters als heilendes und nährendes Wundergefäß, das Speisen ohne Ende und ewige Lebenskraft spendet, als »Kessel der Wiedergeburt« und niemals versiegendes »Füllhorn«.[87] Könnte nicht jeder Augenblick in unserem Leben, in dem wir Dankbarkeit empfinden, auch zu einem solchen Füllhorn werden? Vielleicht erleben wir bei genügender Konzentration, dass sich aus solchen Momenten ein immer größer werdender Reichtum über uns ergießt, der uns mit Gefühlen von Wärme und Dankbarkeit beglücken kann. Ich kehre zum Anfang dieses Buches zurück und beginne erneut beim morgendlichen Erwachen, das ich unter diesem Aspekt noch einmal genauer betrachten möchte. Ist nicht schon dieser Prozess des Aufwachens ein Geschenk, da er ja ganz ohne meinen Willen geschieht? Früher glaubten die Menschen daran, dass uns Götter, Schutzgeister oder Engel während der Nacht behüten, und bedankten sich mit Morgengebeten dafür. Wir dagegen nehmen das alles als selbstverständlich hin und ärgern uns über jede kleine Abweichung vom erwarteten Plan. Ich versuche also in den ersten Minuten am Morgen das Gefühl des Beschenktseins intensiver zu erleben als sonst: Etwas hat mich geschaffen, nicht ich selbst. Etwas hat mich durch den Schlaf begleitet, nicht ich selbst. Etwas hat für mein Aufwachen gesorgt, nicht ich selbst. Während ich die Augen aufschlage, spüre ich das durch die Fenster scheinende Morgenlicht und höre den Vogelgesang draußen im großen Kastanienbaum. Ich fühle, wie die Lebendigkeit dieser kleinen anmutigen Tiere in mir widerhallt und wie sie meine Vitalkräfte anregen. Die irischen Mönche, die vor 1500 Jahren eine keltische Form des Christentums praktizierten, bezogen die Vögel in ihr Morgengebet ein, die für sie Gottesboten oder vom Himmel gesandte kleine Engel darstellten.[88] Wer von uns ist heute noch in der Lage, mit solchen Augen auf diese gefiederten Wesen zu schauen, deren feine Töne vor allem im Sommer unser Aufwachen begleiten?

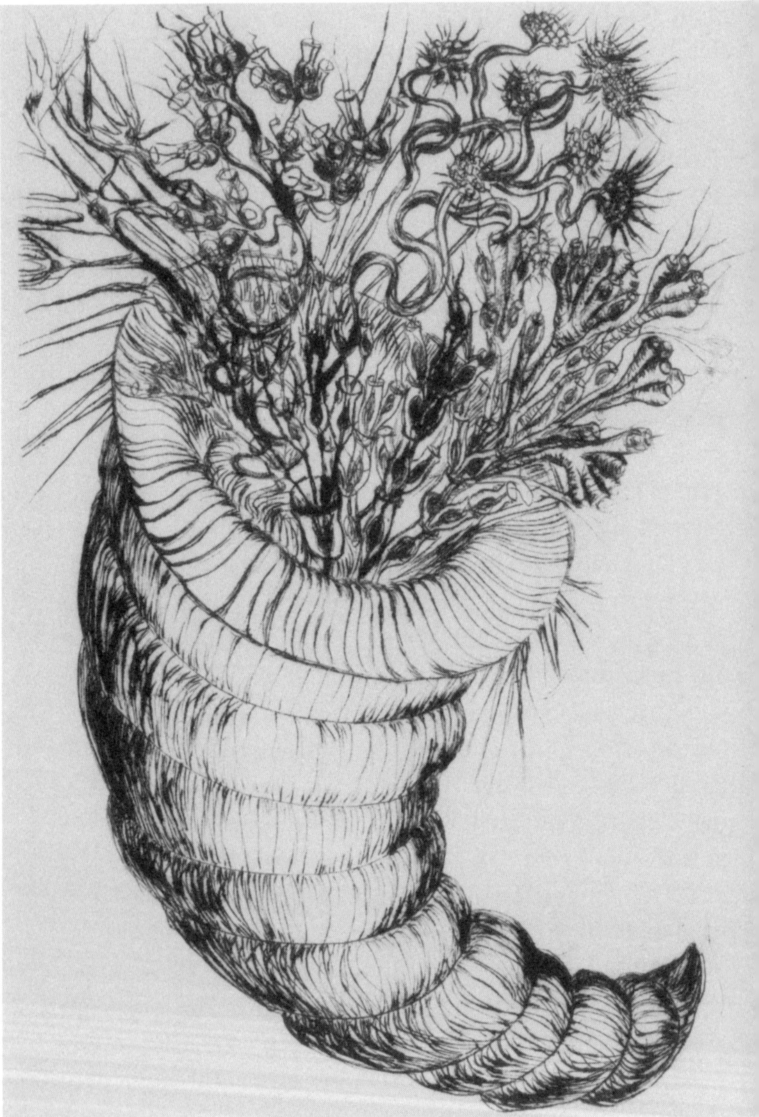

Während ich ihnen zuhöre, spüre ich plötzlich die Lust auf einen neuen Tag. Nichts, so scheint es mir an diesem Morgen, ist hier selbstverständlich: Andere wachen mit Schmerzen und Depressionen auf, in engen Kammern, die von Armut und Kälte gezeichnet sind, und haben entweder gar keine Motivation, aufzustehen, oder quälen sich mühsam aus dem Bett. Ich aber kann zu meinem Schreibtisch hinüberschauen, wo herrliche Bücher und meist positive Nachrichten von Menschen auf mich warten, die mir bald interessante und anregende Dinge sagen werden. Statt über diese »Normalitäten« hinwegzusehen, übe ich das Verweilen, das automatisch auch zu einem Vertiefen führt. Ich kann in jede der beschriebenen Empfindungen kurz und oberflächlich, aber auch länger und tiefer hineinmeditieren. Und dann vermag tatsächlich jeder Augenblick zu einem »Gralskelch«, zu einem goldenen Füllhorn mit einer kaum ausschöpfbaren Tiefe zu werden, die ich nicht rational begreifen, sondern nur kosten, befühlen und bestaunen kann. Die Person, die jetzt gerade aufgewacht ist, besteht nicht nur aus einem bewussten Ich, sondern auch aus 100 Billionen Zellen, die mich sicher durch die Nacht geführt haben und mich wahrscheinlich ebenso zuverlässig in den neuen Tag begleiten werden. Wie und warum sie das getan haben, kann ich nicht erklären. Und wieder die Frage: Ist es selbstverständlich? Die unvorstellbare Zahl der Zellen in meinem Körper stellt einen geheimnisvollen Raum dar, den ich nicht mit meinem Verstand erfassen kann.

Dasselbe gilt für meinen ruhig dahinfließenden Atem, der mich – ohne mein Zutun – wie ein starker innerer Begleiter trägt und unentgeltlich für mich arbeitet wie all meine anderen Organe. Neulich sah ich eine Fernsehdokumentation über die Arbeit der Ärzte und Pfleger auf der Corona-Intensivstation der Berliner Charité und spürte bis in die Knochen, was es bedeutet, nicht mehr richtig atmen zu können. Beim Miterleiden des Schicksals schwer lungenkranker Patienten konnte ich mich tief in ihre Qualen hineinversetzen und spürte das Wunder meiner regelmäßigen Luftzüge wie nie zuvor. Auch mein Atem ereignet sich jenseits aller rationalen Begreifbarkeit und sein Rhythmus scheint ebenfalls aus einem eher unendlichen als endlichen Raum zu kommen. Vielleicht spielt er daher auch in Meditationspraktiken des Yoga oder Buddhismus eine so große Rolle, wo der Atem die universelle und durch alles hindurchfließende Lebensenergie »Prana« bedeutet.

Ich gehe ins Bad hinüber und spüre, wie das aus dem Hahn strömende Wasser meine Lebensgeister noch einmal zusätzlich anregt. Warum sprechen wir in einem aufgeklärten Zeitalter immer noch von »Lebensgeistern«? Ist das nicht auch ein Stück Alltagsspiritualität, dass wir unsere Vitalkraft nicht nur als physiologische Funktion verstehen, sondern als Geschenk aus einem unsichtbaren und letztlich geheimnisvollen Raum? Woher kommt diese Resonanz meiner Seele mit der kühlen Frische und Lebendigkeit des Wassers, das jetzt über meinen Körper fließt? Wieso reagiere ich so empfangsbereit auf diese Millionen kleiner Perlen, die so wohltuend meine Haut benetzen, um dann gleich wieder an ihr abzutropfen? Wieder öffnet sich das »Füllhorn« eines intensiv erlebten Augenblicks zu einem neuen Moment der Dankbarkeit. Ich freue mich nicht nur über das köstliche Nass, sondern auch darüber, dass ich solche feinen Dinge um mich herum bewusst sehen, hören, fühlen und beschreiben kann.

Was ist überhaupt die Natur des Wassers, das ich in der Schule nur mittels der schnöden Formel H_2O kennengelernt habe? Unser etwas zerstreuter alter Chemielehrer, der immer in einem weißen Kittel herumlief, als sei er ein richtiger Forscher, glaubte, dass damit alles über das Wasser gesagt sei. Ich weiß aber heute, dass seine sinnlichen und ästhetischen Qualitäten in keiner Weise anhand dieser chemischen Bestandteile erklärt werden können. Die Tatsache, dass dieses Element aus einem Sauerstoff- und zwei Wasserstoffatomen besteht, sagt nichts über seine Transparenz, Flüssigkeit oder Frische aus und noch weniger über die tausend wirbelnden Formen, mit denen es uns erfreut. Ist es nicht selbst schon ein »Füllhorn«, das da so munter aus der Leitung fließt und mich jeden Morgen mit unendlichem Gestaltwandel begrüßt? Müsste ich ihm nicht mit mehr Verehrung begegnen und ihm – wie frühere Kulturen – Tempel und Kultstätten weihen? Wie bewusst trinke ich eigentlich das klare und kühle Glas Wasser, mit dem ich jeden Morgen beginne, während gleichzeitig Millionen von Menschen an Wassermangel leiden oder mühsame Wege zurücklegen müssen, um an dieses Grundnahrungsmittel zu kommen?

Es ist überraschend zu sehen, wie weit ich hier im Detail gehen kann und welcher Mikrokosmos sich mir bereits in den allereinfachsten Dingen erschließt, wenn ich nur genau hinschaue. Diese Übungen kann ich den ganzen Tag über fortsetzen und eventuell am Abend in einer Rückschau beenden. Ich stelle mir dann den Tag als eine lange Schnur vor, auf der Dutzende von Erlebnissen wie kleine Perlen aufgereiht sind. Von Rudolf Steiner habe ich gelernt, dass es nützlich ist, eine solche Tagesrückschau von hinten zu beginnen und sich langsam zum Morgen hin vorzutasten.[89] Dann gerät man in eine größere Distanz und jedes Einzelereignis bekommt einen größeren Stellenwert. Habe ich an einem Tag etwas Schlimmes erlebt, übertönt es in der rückläufigen Schau die vielen positiven Momente nicht so stark, wie wenn ich am Morgen anfange. Bei der normalen Bilanz, die am Morgen beginnt, ist der Sog des negativen Erlebnisses stärker und zieht alle Aufmerksamkeit auf sich: Als ob alles nur darauf gewartet hätte, in diesem einen unheilvollen Moment zu verschwinden wie in einem Schwarzen Loch. Bei einer vom Abend her geübten Rückschau dagegen wundert man sich oft, wie viel Schönes doch auch an schlechten Tagen passiert ist, was ebenfalls das Gefühl der Dankbarkeit steigern kann. Dann überwiegen meist die hellen Perlen an der Schnur und die dunklen werden zu einem nur kleinen Teil eines viel größeren und reicheren Spektrums.

Doch während ich gerade eine solche Meditation übe, funkt plötzlich eine innere Stimme dazwischen: Habe ich mich jetzt nicht in übertrieben verfeinerte Bereiche des Wahrnehmens und Fühlens hineingesteigert? Beschreibe ich noch eine für jedermann nachvollziehbare »Spiritualität des Alltags« oder hebe ich schon in einen elitären Privatkosmos ab, den viele gar nicht mehr teilen können? Wie viele Menschen haben überhaupt die Zeit und Muße, inmitten ihres oft stressigen Alltags solche Übungen durchzuführen? Was ist mit all den armen, kranken und in prekären Verhältnissen lebenden Menschen, die nicht so privilegiert sind wie du, höre ich die innere Stimme fragen. Sind sie denn auch zu solchen ausgetüftelten Dankbarkeitsübungen fähig? Zählst du nicht zu einer ganz kleinen Schicht von Erdbewohnern, die sich so etwas leisten können, während andere sehen müssen, wie sie über den Tag kommen: Menschen, die schwere Schicksalsschläge erleiden müssen, in Diktaturen leben oder in schlimmen sozialen Verhältnissen, inmitten von blutigen Kriegen oder vernichtenden Naturkatastrophen?

Es ist nicht leicht, solche Einwände zu entkräften, aber ich kann nur versuchen, aufrichtig meine »Spiritualität im Alltag« zu beschreiben, und glaube letztlich, dass im Grunde jeder etwas davon praktizieren kann. Diese Übungen hängen nicht vom Geldbeutel oder von der sozialen Stellung in einer Gesellschaft ab. Außerdem bin ich mir gar nicht so sicher, ob z. B. Menschen in Entwicklungsländern nicht auch spirituelle Übungen der Dankbarkeit kennen, egal in welchen materiellen oder politischen Verhältnissen sie leben. Viele indigene oder traditionelle Kulturen in Afrika, Asien oder Lateinamerika praktizieren Rituale, die sehr stark im Alltag und in der Natur verankert sind, und vielleicht würden gerade diese Menschen ganz gut nachvollziehen können, was ich hier beschreibe. Meine Übungen der Dankbarkeit sind ja nicht auf Eigenlob, materielle Bereicherung oder Ausbeutung ausgerichtet, sondern eigentlich sehr minimalistisch: Sie suchen im Kleinsten und Allernächsten das Kostbare und »Heilige«, ich brauche dafür nicht viel Geld, keine teuren Flugreisen und nicht einmal ein Auto. Meine Übungen versuchen Empathie zu schärfen, für mich selbst, für andere Menschen und für die nichtmenschliche Welt. Sie sind nicht vorwiegend selbstbezogen, sondern immer auch auf ein Gegenüber ausgerichtet, dem ich gerecht werden will. Meine »Spiritualität des Alltags« steht im Gegensatz zu einer Gesellschaft, die auf schnellen Gewinn, auf die Übervorteilung des Anderen und die Überwältigung durch lautes Marketing setzt. Dieses

Buch ist eigentlich ein Frontalangriff auf unsere notorische Unzufriedenheit und Undankbarkeit, auf das rastlose Anhäufen und Optimieren, das ja zu einem expandierenden Wirtschaftssystem führt, das die Natur und andere Völker hemmungslos ausbeutet. Was ich hier schreibe, soll ein Plädoyer für Einfachheit, Konzentriertheit, Empathie, Demut und Stille sein. Da ich nicht in traditionelle religiöse Formen eingebunden bin, musste ich eigene entwickeln und eigentlich sind alle in diesem Buch versammelten Kapitel Übungen der Dankbarkeit geworden: Dankbarkeit für den »Gesang der Dinge« und für inspirierende »Seelenlandschaften«, für die belebende Natur, die uns erhebende Musik, die wohltuende Stille, für das Wunder von Kreativität und Regeneration sowie für einen gelassenen Ausblick auf den Tod. Spirituell sind diese Übungen deshalb, weil ich durch sie spüre, von einem wahrscheinlich letztlich großzügigen und wohlwollenden Universum umgeben zu sein, das mir unaufhörlich Gaben spendet, die mich tragen und ermutigen. Wir müssen nicht immer mehr anhäufen, immer schneller und effizienter werden, sondern einsehen, dass wir bereits von einer Fülle gehalten werden, die in den allernächsten Dingen um uns herum aufscheinen kann. Der Kosmos, aus dessen »Sternenstaub« wir gemacht wurden, gab uns unzählige Möglichkeiten, seinen Reichtum zu bewundern, zu erkennen und zu nutzen. Wenn wir diese Fülle bewusst genug kosten, kann sich in ganz bestimmten Momenten tatsächlich ein intensiver »Geschmack der Unendlichkeit« einstellen. Würde man mich zum Abschluss fragen, wie er denn schmeckt, könnte ich immerhin ohne zu zögern sagen: unbeschreiblich.

ANMERKUNGEN

1 *Novalis Werke,* hg. und komm. von Gerhard Schulz, Studienausgabe, C. H. Beck: München 1987, 122

2 Vgl. Tobias Hürter: »Die Dramaturgie der Nacht«, unter: https://www.zeit.de/zeit-wissen/2011/03/Dossier-Schlafen-Dramaturgie/komplettansicht [Stand: 19.08.2021]

3 Aus Rilkes Gedicht »Ich fürchte mich so vor der Menschen Wort«, vgl. Rainer Maria Rilke: *Gesammelte Werke in fünf Bänden,* hg. von Manfred Engel, Ulrich Fülleborn, Horst Nalewski, August Stahl. Erster Band, Insel: Frankfurt am Main und Leipzig 2003, 110

4 Martin Buber, in: Eva Maria Heinze: *Schönheit des Alltäglichen. Zur Ethik des täglichen Umgangs bei Albert Schweitzer, Martin Buber und Adalbert Stifter,* Karl Alber: Freiburg/München 2016, 194ff.

5 Blakes berühmter Satz »Würden die Pforten der Wahrnehmung gereinigt, erschiene dem Menschen alles, wie es ist: unendlich« wird zitiert in: Aldous Huxley: *Die Pforten der Wahrnehmung,* Piper: München 1996, 9

6 Rupert Sheldrake: *Der siebte Sinn der Tiere. Warum Ihre Katze weiß, wann Sie nach Hause kommen und andere bisher unerklärte Fähigkeiten der Tiere,* S. Fischer: Frankfurt am Main 2007

7 Vgl. David Dosa: Oscar. *Die außergewöhnliche Gabe eines ganz gewöhnlichen Katers,* Droemer: München 2010.

8 Vgl. den Film »Die heiligen Tiere der Pharaonen«, Regie:

Michael Suter, NDR/Naturfilm, 2006, siehe unter: https://www.youtube.com/watch?v=xp6uBuhG34k [Stand: 19.08.2021]

9 Vgl. Ernst-Michael Kranich: *Wesensbilder der Tiere. Einführung in die goetheanistische Zoologie,* Freies Geistesleben: Stuttgart 2004

10 Vgl. unter: https://de.wikipedia.org/wiki/Aussterben

11 Vgl. Hans-Peter Hasenfratz: *Die religiöse Welt der Germanen. Ritual, Magie, Kult, Mythus,* Herder: Freiburg 1992, 73

12 Josef von Eichendorff, *Werke,* Bd. 1, München: Winkler 1970ff., 285

13 Vgl. Rolf Elberfeld: *Philosophieren in einer globalisierten Welt. Wege zu einer transformativen Phänomenologie,* Karl Alber: Freiburg/München 2017, 356

14 Vgl. Jörgen Smit/Georg Kühlewind/Rudolf Treichler/Christof Lindenau: *Freiheit erüben. Meditation in der Erkenntnispraxis der Anthroposophie,* Freies Geistesleben: Stuttgart 1991, 13ff.

15 Vgl. Rudolf Steiner: *Wie erlangt man Erkenntnisse der höheren Welten?* Rudolf Steiner Verlag: Dornach/Schweiz 1961, 60ff.

16 Astrid Nettling: »Der Maler Kasimir Malewitsch: Das Unterfutter des Himmels überwinden«, Deutschlandfunk, unter: https://www.deutschlandfunk.de/der-maler-kasimir-malewitsch-das-unterfutter-des-himmels.2540.de.html? dram:article_id=468788 [Stand 19.08.2021]

17 Zit. nach Wolfgang Zumdick: *»Der Tod hält mich wach«. Joseph Beuys – Rudolf Steiner, Grundzüge ihres Denkens,* Pforte: Dornach 2001, 48

18 Ebd. 48

19 Arthur M. Abell: *Gespräche mit berühmten Komponisten. Über die Entstehung ihrer unsterblichen Meisterwerke, Inspiration und Genius.* Artha: Haslach o. J., 20

20 Ebd. 56, 113

21 Ebd. 151f.

22 »Zeige deine Wunde« – Gespräch mit Volker Harlan über Joseph Beuys, Bonusmaterial zum gleichnamigen Film von Rüdiger Sünner, unter: https://www.youtube.com/watch?v=Es4plx2mITE&t=303s [Stand: 19.08.2021]

23 Vgl. Leopoldo Siano: *Musica Cosmogonica, von der Barockzeit bis heute,* Königshausen & Neumann: Würzburg 2021, 140
24 Vgl. Nicholas J. Conard/Claus-Joachim Kind: *Als der Mensch die Kunst erfand. Eiszeithöhlen der Schwäbischen Alb,* Wissenschaftliche Buchgesellschaft Darmstadt: 2017, 88ff., 131ff., 153, 170
25 Vgl. Jean Clottes und David Lewis-Williams: *Schamanen. Trance und Magie in der Höhlenkunst der Steinzeit.* Thorbecke: Sigmaringen 1997, 45f, 69, 92, 95
26 Vgl. Ernst Bloch: *Zur Philosophie der Musik,* ausgew. und hg. von Karola Bloch, Suhrkamp: Frankfurt am Main 1974, 281f.
27 Vgl. Leopoldo Siano: *Musica Cosmogonica,* a. a. O. 78
28 Rüdiger Sünner: *Wildes Denken. Europa im Dialog mit spirituellen Kulturen der Welt,* Europa: München 2020, 174ff.
29 Friedrich Hölderlin: »An den Äther«, in: *Friedrich Hölderlin.* Gedichte-Hyperion-Briefe, Aufbau: Berlin und Weimar 1991, 8
30 Maynard Solomon: *Beethovens Tagebuch,* Hase & Koehler: Bonn 1990, 95ff.
31 Christoph Christian Sturm: *Betrachtungen der Werke Gottes im Reiche der Natur und der Vorsehung auf alle Tage des Jahres,* Reutlingen 1811, 44, 359, 448, 487
32 Ebd. 341
33 Rudolf Otto: *Das Heilige. Über das Irrationale in der Idee des Göttlichen und sein Verhältnis zum Rationalen,* mit einer Einführung zu Leben und Werk Rudolf Ottos von Jörg Lauster und Peter Schüz und einem Nachwort von Hans Joas, C. H. Beck: München 2014, 14
34 Leopoldo Siano: *Musica Cosmogonica,* a. a. O. 210
35 Leopoldo Siano: *Musica Cosmogonica,* a. a. O. 211f.
36 Vgl. https://de.wikipedia.org/wiki/Tapiola_(Sinfonische_Dichtung) [Stand 19.08.2021]
37 Vgl. Leopoldo Siano: *Musica Cosmogonica,* a. a. O. 32
38 Vgl. Hans Blumenberg: *Matthäuspassion,* Suhrkamp: Frankfurt am Main 1988, 109
39 Vgl. Hans Blumenberg: *Matthäuspassion,* a. a. O. 45, 223
40 Robin A. Leaver: Bachs *Theologische Bibliothek. Eine kritische Bibliographie,* Hänssler: Neuhausen-Stuttgart 1983, 17f., 20, 74, 184f.

41 Johannes Tauler: *Predigten, Band II,* übertragen und herausgegeben von Georg Hofmann, Johannes Verlag: Einsiedeln 2011, 336, 419, 436, 623

42 Vgl. Andreas Kruse: *Die Grenzgänge des Johann Sebastian Bach. Psychologische Einblicke,* Springer: Berlin/ Heidelberg 2014, 119

43 Vgl. etwa Hans-Eberhard Dentler: *Johann Sebastian Bachs Kunst der Fuge. Ein pythagoreisches Werk und seine Verwirklichung,* Schott: Mainz 2004

44 Vgl. Karl Gottlieb Freudenberg: *Erinnerungen eines alten Organisten,* Breslau: Leuckart 1870, 40ff.

45 András Schiff explains Bach, siehe unter: https://www.youtube.com/watch?v=0SclAUqaj2Q [Stand: 19.08.2021]

46 Rainer Maria Rilke: »Marginalien zu Friedrich Nietzsche ›Die Geburt der Tragödie‹«, in: Rainer Maria Rilke: *Werke, Kommentierte Ausgabe in vier Bänden,* Bd. 4, *Schriften,* 161f.

47 Vgl. https://www.projekt-gutenberg.org/claudius/gedichte/chap017.html

48 Albert Einstein: *Mein Weltbild,* hg. von Carl Seelig, Ullstein: Berlin 2005, 19-22

49 Siehe Anm. 33

50 Rüdiger Sünner: *Das kreative Universum: Naturwissenschaft und Spiritualität im Dialog,* DVD bei www.absolutmedien.de, Online Stream unter: https://vimeo.com/ondemand/254278/430947635

51 Rüdiger Sünner: *Das kreative Universum:* Interview mit George Coyne, ab min. 5:16, unter: https://www.youtube.com/watch?v=37CuQcuiJtE&t=408s

52 Rüdiger Sünner: *Das kreative Universum:* Interview mit Arthur Zajonc, ab min. 7:50, unter: https://www.youtube.com/watch?v=2pYtu6My_s0&t=1042s

53 So etwa der berühmte Physiker und Nobelpreisträger Roger Penrose in dem Artikel von Thomas Padova, unter: https://www.tagesspiegel.de/wissen/nach-dem-urknall-ist-vor-dem-urknall/4706592.html

54 »Religion ist Sinn und Geschmack für das Unendliche«, vgl. Friedrich Schleiermacher: *Über die Religion. Reden an die Gebildeten unter ihren Verächtern,* Reclam: Stuttgart 1997, 36

55 Vgl. den Artikel »Zellproliferation«, unter: https://de.wikipedia.org/wiki/Zellproliferation [Stand: 19.08.2021]

56 Vgl. Andreas Kruse: *Die Grenzgänge des Johann Sebastian Bach,* a. a. O. 216f.

57 Siehe den Anfang des Trailers von Andres Veiels Film »Beuys«, vgl. auch unter: https://www.youtube.com/watch?v=fNBY_OaA6Qs [Stand: 19.08.2021]

58 Thomas von Kempen: Die Nachfolge Christi, Zweites Buch. Ermahnungen zum inneren Leben, siehe unter: https://www.projekt-gutenberg.org/thomasvk/nachfolg/chap035.html [Stand: 19.08.2021]

59 Theodor W. Adorno: *Mahler. Eine musikalische Physiognomik.* Suhrkamp: Frankfurt am Main 1972

60 Vgl. *Bibel, Prediger* 3, 1-11

61 Vgl. etwa Rüdiger Sünner: *Wildes Denken – Europa im Dialog mit spirituellen Kulturen der Welt,* a. a. O. 98ff., 112ff., 244ff.

62 Siehe das Vorwort zu: Erik Hornung: *Das Totenbuch der Ägypter,* Artemis & Winkler: Düsseldorf/Zürich 1998

63 Vgl. etwa Pim van Lommel: *Endloses Bewusstsein. Neue medizinische Fakten zur Nahtoderfahrung,* Knaur: München 2009, 54-60

64 Rudolf Steiner: *Esoterische Betrachtungen karmischer Zusammenhänge,* Band I, Zwölf Vorträge, gehalten in Dornach zwischen dem 16. Februar bis 23. März 1924, Rudolf Steiner Verlag: Dornach 1994, 144, 206

65 Rudolf Steiner: Esoterische Betrachtungen karmischer Zusammenhänge, Band IV, Zehn Vorträge und eine Ansprache, gehalten in Dornach zwischen dem 5. und 28. September 1924, Rudolf Steiner Verlag: Dornach 1996, 52

66 Vgl. Jürgen Wolf: *Auf der Suche nach König Artus. Mythos und Wahrheit,* Wissenschaftliche Buchgesellschaft: Darmstadt 2009, 12, 19, 23ff., 28, 42ff., 54ff.

67 Vgl. Colin Richards: »Decaying flesh and instability of substances: rethinking Neolithic chambered tombs«, in: https://harcruins.wixsite.com/ruinationanddecay/post/decaying-flesh-and-instability-of-substances-rethinking-neolithic-chambered-tombs [Stand: 19.08.2021]

68 Marija Gimbutas: *Die Sprache der Göttin. Das verschüttete Symbolsystem der westlichen Zivilisation,* mit einem Vorwort von Joseph Campbell, Deutsch von Udo Rennert und Andrea von Struve, Zweitausendeins: Frankfurt am Main 1995, und Marija Gimbutas: *Die Zivilisation der Göttin. Die Welt des Alten Europa,* hg. von Joan Marler, Deutsch von Waltraud Götting und Ilse Strasmann, Zweitausendeins: Frankfurt am Main 1996

69 Vgl. Harald Haarmann: *Das Rätsel der Donauzivilisation. Die Entdeckung der ältesten Hochkultur Europas,* C. H. Beck: München 2017, 149f.

70 Vgl. Charlene Spretnak: »Die wissenschaftspolitische Kampagne gegen Marija Gimbutas«, in: *Die Diskriminierung der Matriarchatsforschung. Eine moderne Hexenjagd,* hg. von Claudia von Werlhof u. a., edition amalia: Bern 2003, 88-108

71 Vgl. Harald Haarmann: *Das Rätsel der Donauzivilisation,* a. a. O. 163

72 Marija Gimbutas: *Göttinen und Götter im Alten Europa. Mythen und Kultbilder 6500-3500 v. Chr.,* aus dem Englischen von Dr. Baal Müller, Arun: Engerda 2010, 157ff.

73 Vgl. Julian Blunk: Kröte und Katharsis, Frosch und König: Zur Rolle der Unken in der Kunst, siehe unter: https://archiv.ub.uni-heidelberg.de/artdok/3707/1/Blunk_Frosch_und_Koenig_Kroete_und_Katharsis_2009.pdf, 4

74 Marija Gimbutas: *Die Sprache der Göttin,* a. a. O. 134f.

75 Vgl. Marija Gimbutas: *Die Zivilisation der Göttin,* a. a. O. 133, 135, 136ff., 230ff.

76 Marija Gimbutas: *Die Sprache der Göttin,* a. a. O. 316

77 Ebd. 29

78 Vgl. Harald Haarmann: *Das Rätsel der Donauzivilisation,* a. a. O. 169

79 Vgl. Marija Gimbutas: *Die Sprache der Göttin,* a. a. O. 147f., 151ff.

80 Ebd. 151

81 Marija Gimbutas: *Die Zivilisation der Göttin,* a. a. O. 286ff.

82 Siehe auch Rüdiger Sünner: *Wildes Denken. Europa im Dialog mit spirituellen Kulturen der Welt,* a. a. O. 134ff.

83 Vgl. Rüdiger Sünner: *Wildes Denken,* a. a. O.

84 Vgl. Rüdiger Sünner: *The Tree of Life. Auf den Spuren von Dag Hammarskjöld in Lappland,* DVD bei absolut Medien, Online Stream bei Vimeo on Demand

85 Dag Hammarskjöld: *Zeichen am Weg. Das spirituelle Tagebuch des UN-Generalsekretärs,* überarbeitete Neuausgabe, hg. von Manuel Fröhlich, Deutsch von Anton Graf Knyphausen, Urachhaus: Stuttgart 2012, 144

86 Vgl. Hartmut Rosa: *Resonanz. Eine Soziologie der Weltbeziehung,* Suhrkamp: Berlin 2018, 14

87 Malcolm Godwin: *Der heilige Gral. Ursprung, Geheimnis und Deutung einer Legende,* Heyne: München 1994, 16, 42ff., 52f.

88 Vgl. Mary Low: *Celtic Christianity and Nature. Early Irish and Hebridean Traditions,* Polygon: Edinburgh 1999, 105ff.

89 Jörgen Smit/Georg Kühlewind/Rudolf Treichler/Christof Lindenau: *Freiheit erüben. Meditation in der Erkenntnispraxis der Anthroposophie,* a. a. O. 38, 159

AUSGEWÄHLTE LITERATUR

Arthur M. Abell: *Gespräche mit berühmten Komponisten. Über die Entstehung ihrer unsterblichen Meisterwerke, Inspiration und Genius*. Artha: Haslach o. J.

Hans Blumenberg: *Matthäuspassion*, Suhrkamp: Frankfurt am Main 1988

David Dosa: *Oscar. Die außergewöhnliche Gabe eines ganz gewöhnlichen Katers*, Droemer: München 2010

Rolf Elberfeld: *Philosophieren in einer globalisierten Welt. Wege zu einer transformativen Phänomenologie*, Karl Alber: Freiburg/München 2017

Marija Gimbutas: *Die Sprache der Göttin. Das verschüttete Symbolsystem der westlichen Zivilisation*, mit einem Vorwort von Joseph Campbell, Deutsch von Udo Rennert und Andrea von Struve, Zweitausendeins: Frankfurt am Main 1995

Marija Gimbutas: *Die Zivilisation der Göttin. Die Welt des Alten Europa*, hg. von Joan Marler, Deutsch von Waltraud Götting und Ilse Strasmann, Zweitausendeins: Frankfurt am Main 1996

Dag Hammarskjöld: *Zeichen am Weg. Das spirituelle Tagebuch des UN-Generalssekretärs*, überarbeitete Neuausgabe, hg. von Manuel Fröhlich, Deutsch von Anton Graf Knyphausen, Urachhaus: Stuttgart 2012

Eva Maria Heinze: *Schönheit des Alltäglichen. Zur Ethik des täglichen Umgangs bei Albert Schweitzer, Martin Buber und Adalbert Stifter*, Karl Alber: Freiburg/München 2016

Aldous Huxley: *Die Pforten der Wahrnehmung. Meine Erfahrungen mit Meskalin,* Piper: München 1996

Ernst-Michael Kranich: *Wesensbilder der Tiere. Einführung in die goetheanistische Zoologie,* Freies Geistesleben: Stuttgart 2004

Andreas Kruse: *Die Grenzgänge des Johann Sebastian Bach. Psychologische Einblicke,* Springer: Berlin/ Heidelberg 2014

Pim van Lommel: *Endloses Bewusstsein. Neue medizinische Fakten zur Nahtoderfahrung,* Knaur: München 2009

Novalis Werke, hg. und komm. von Gerhard Schulz, Studienausgabe, C. H. Beck: München 1987

Rudolf Otto: *Das Heilige. Über das Irrationale in der Idee des Göttlichen und sein Verhältnis zum Rationalen,* mit einer Einführung zu Leben und Werk Rudolf Ottos von Jörg Lauster und Peter Schüz und einem Nachwort von Hans Joas, C. H. Beck: München 2014

Rainer Maria Rilke: *Gesammelte Werke in fünf Bänden,* hg. von Manfred Engel, Urich Fülleborn, Horst Nalewski, August Stahl. Insel: Frankfurt am Main und Leipzig 2003

Hartmut Rosa: *Resonanz. Eine Soziologie der Weltbeziehung,* Suhrkamp: Berlin 2018

Leopoldo Siano: *Musica Cosmogonica, von der Barockzeit bis heute,* Königshausen & Neumann: Würzburg 2021

Jörgen Smit/Georg Kühlewind/Rudolf Treichler/Christof Lindenau: *Freiheit erüben. Meditation in der Erkenntnispraxis der Anthroposophie,* Freies Geistesleben: Stuttgart 1991

Rudolf Steiner: *Wie erlangt man Erkenntnisse der höheren Welten?* Rudolf Steiner Verlag: Dornach/Schweiz 1961

Rupert Sheldrake: *Der siebte Sinn der Tiere. Warum Ihre Katze weiß, wann Sie nach Hause kommen und andere bisher unerklärte Fähigkeiten der Tiere,* S. Fischer: Frankfurt am Main 2007

Rüdiger Sünner: *Wildes Denken. Europa im Dialog mit spirituellen Kulturen der Welt,* Europa: München 2020

MIX
Papier aus verantwortungsvollen Quellen
FSC® C014889

Umschlaggestaltung: Hauptmann & Kompanie Werbeagentur, Zürich,
unter Verwendung einer Radierung von © Christine Klie
Lektorat: Annette Barth, Hamburg
Layout & Satz: BuchHaus Robert Gigler, München
Gesetzt aus der Minion Pro
Druck & Bindung: Pustet, Regensburg
ISBN 978-3-95890-436-1

www.europa-verlag.com